J.-B. PERRONNEAU

PAR

MAURICE TOURNEUX

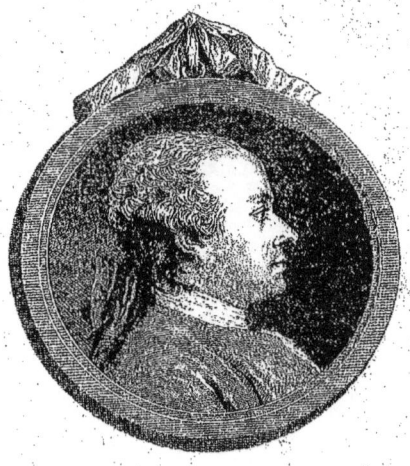

PARIS
GAZETTE DES BEAUX-ARTS
MDCCCIII

JEAN-BAPTISTE PERRONNEAU

PARIS — IMPRIMERIE GEORGES PETIT
12, RUE GODOT-DE-MAUROI

MAURICE TOURNEUX

JEAN-BAPTISTE PERRONNEAU

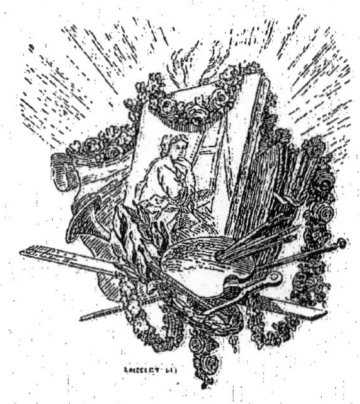

PARIS

AUX BUREAUX DE LA *GAZETTE DES BEAUX-ARTS*

8 — RUE FAVART — 8

JEAN-BAPTISTE PERRONNEAU

J'avais une quinzaine d'années, lorsqu'au cours d'une visite au Louvre, mon père, après m'avoir fait admirer les pastels de La Tour et de Chardin, me conduisit devant un portrait d'homme en habit gris et me dit : « Regarde, voilà qui peut soutenir hardiment la comparaison. » Tout de suite, je cherchai la signature et lus sur le cadre ce nom : « J.-B. Perronneau (1715?-1768). » Vainement j'interrogeai mon père : il n'en savait pas davantage. Le catalogue des dessins de l'école française n'avait pas encore paru et le *Dictionnaire* de Siret observait, selon son usage, une réserve prudente; mais ce nom, alors obscur, tombé dans une jeune mémoire, n'en sortit plus, et je me promis bien d'arracher un jour à l'oubli l'homme à qui je devais un de mes premiers, un de mes plus vifs plaisirs de curieux.

Je ne me serais pas permis d'évoquer cette réminiscence toute personnelle, si elle n'avait pas été très réellement le point de départ des recherches dont je soumets aujourd'hui le résultat aux lecteurs. Me pardonnera-t-on d'ajouter que je me mis aussitôt à l'œuvre? On pense bien que la bibliothèque d'un collégien ne pouvait pas lui fournir grand secours. Charles Blanc, à qui, dans mon juvénile enthousiasme, je signalai la regrettable lacune que présentait l'*Histoire des Peintres* au sujet de Perronneau, me répondit par cet axiome plus commode que généreux : « *De minimis non curat prætor.* » Si le personnage n'était pas aussi mince que le disait Charles Blanc, pour se débarrasser de mes importunités, il faut avouer qu'à part de brefs passages dans les salonniers du temps, il n'avait pas tenu grande place sous la plume de ses contemporains. Mariette ne lui a pas fait une seule fois l'honneur de transcrire son nom sur les marges de l'*Abecedario;* Wille, son collègue à l'Académie Royale et qui, selon Le Blanc, aurait collaboré à la belle planche de Daullé d'après le portrait du marquis d'Aubais, ne le mentionne à aucune date de son précieux *Journal*, pas même lors de l'élection de son successeur, Nicolas Guibal; à cette occasion même, les registres officiels ne lui concèdent qu'une glaciale et tardive mention et, seules, les *Affiches* de l'abbé de Fontenay lui consacrent une courte notice, aussitôt calquée par les *Mémoires secrets*. De nos jours, les *Archives* anciennes et nouvelles *de l'Art français* n'ont cité Perronneau qu'en raison de sa présence sur les listes des académiciens et M. L. Dussieux a donné jusqu'à trois éditions de ses *Artistes français à l'étranger*, sans accorder une ligne à un peintre que l'abbé de Fontenay nous représente comme une sorte de Juif-errant de l'art et à qui il fait littéralement accomplir son tour d'Europe. Aussi, lorsque M. Reiset mit au jour la seconde partie de son travail sur les dessins du Louvre, se vit-il forcé, suivant son propre aveu, « d'accumuler les points d'interrogation » dans la biographie qu'il avait tenté d'établir; mais il rendait au talent du pauvre méconnu un hommage d'autant plus précieux pour moi qu'il corroborait celui d'autres historiens de l'art, dont les principes esthétiques étaient assurément très différents :
« Perronneau n'a ni la force, ni la merveilleuse vérité de La Tour, disait-il, mais son talent est fin et délicat. Sa manière lui appartient bien, et si tous ses portraits avaient été aussi beaux que celui de Laurent Cars, le pauvre peintre fût devenu pour le maître du pastel

un redoutable rival... Nous avons le ferme espoir que les œuvres d'un artiste aussi cosmopolite, aussi habile, aussi laborieux, se retrouveront peu à peu en France et en Europe et feront honneur à notre école. »

Cet espoir est enfin justifié. Perronneau a depuis quelques années ses entrées dans les collections d'élite, et si le sort d'un trop grand nombre de ses portraits nous est encore inconnu, le moment est venu de dresser l'inventaire de ceux qui sont désormais sauvés et classés. En disant ce que je sais, je voudrais surtout attirer l'attention sur ce que je ne sais pas et provoquer ainsi ces petites découvertes qui paient amplement de longues fatigues. Jusqu'ici, en effet, la tâche a été des plus ardues, car tout semblait conjuré pour effacer les souvenirs de Perronneau. Ni sa femme, remariée après moins de trois mois de veuvage, ni ses fils, qui lui ont de beaucoup survécu, n'ont témoigné pour sa mémoire de cette piété qui parfois s'abuse sur la notoriété même de celui qu'elle célèbre, mais qui n'est pas moins touchante et précieuse comme tout témoignage direct. Perronneau n'a pas laissé de ces *livres de raison*, où Joseph Vernet, son ami, consignait les moindres faits de sa vie quotidienne et dont Léon Lagrange a tiré si bon parti. Les rares lettres qui nous sont parvenues de lui témoignent qu'il maniait plus volontiers les crayons de couleur que la plume d'oie, et son écriture, comme son orthographe, ne trahit pas le moins du monde la culture d'un Cochin ou les prétentions encyclopédiques d'un La Tour ou d'un Falconet. Il n'y aurait là, après tout, que demi-mal, et l'on ne peut exiger de Perronneau ce que l'on demanderait sans plus de succès à Boucher, à Chardin, à Fragonard ou à Greuze ; mais il nous échappe pour deux autres motifs encore : en accaparant la clientèle de la cour, La Tour contraignit celui en qui l'opinion publique avait un moment salué son rival à se rabattre sur la bourgeoisie, et cette bourgeoisie, qui n'avait pas d'histoire, ne pouvait donner à son peintre ce qui lui manquait à elle-même ; car, ainsi qu'on a pu souvent l'observer, les modèles d'un portraitiste jouent toujours un rôle dans sa vie et ce sont ceux-là dont il faut d'abord s'enquérir, lorsqu'on veut reconstituer la chronologie et l'importance de son œuvre. Heureux encore si Perronneau se fût contenté de peindre ses voisins, ses amis, ses confrères, ou, par hasard, une princesse de Condé ou un prince de Lorraine ! Mais, ainsi que le dit l'abbé de Fontenay, « son instabilité fut une des singularités de sa vie, » et s'il ne faut pas, jusqu'à nouvel avis, l'aller chercher en Espagne ou en Russie, comme son biographe le donne à entendre, c'est en Hollande et en Angleterre que plus d'un de ses pastels se dérobe à nos recherches ou s'étale sous le nom usurpé de La Tour. Voilà bien des raisons qui devraient retenir un historien moins téméraire, et cependant ces difficultés sont de celles qu'il faut résolument aborder, car la bénévole collaboration des lecteurs peut seule contribuer à les résoudre : à eux donc de terminer l'enquête dont les éléments leur sont soumis.

I

Ce n'est pas seulement de ses contemporains que Perronneau serait en droit de se plaindre. La malechance qui a pesé de son vivant sur ses destinées l'a poursuivi par delà le tombeau. Lorsque les archives de l'état civil existaient encore à l'avenue Victoria, aucun des fureteurs qui, précisément alors, y cherchaient les traces de nos anciens artistes, M. Reiset, M. Jal, M. Henri Harduin, M. Herluison, n'a mis la main sur les actes où il pouvait figurer, et sa vie errante ne semble pas d'ailleurs lui avoir jamais permis de remplir ces fonctions de témoin ou de parrain si fréquentés alors. Guidé par un premier indice, j'ai pu remonter de son inventaire après décès à son contrat de mariage, mais son extrait baptistaire m'a échappé jusqu'ici, et bien que son père soit qualifié de « bourgeois de Paris », je ne jurerais pas que notre peintre n'ait vu le jour dans quelque paroisse de la Beauce ou de la Touraine. La désinence même de son nom, ses liaisons très anciennes avec la famille de Desfriches, sa prédilection marquée pour Orléans, autorisent cette présomption que le hasard se chargera peut-être de transformer demain en certitude.

Dès aujourd'hui, cependant, il est possible de combattre une erreur de Nagler qui distingue deux artistes du même nom; l'un peintre de portraits, né à Malte (?), mort à Amsterdam en 1783 ; l'autre graveur, né à Paris en 1731, mort vers 1796. Cette date de 1731 ne soutient pas l'examen, puisque l'une des suites d'estampes qui portent le nom de Perronneau a été publiée en 1738, et si l'attribution, par un ancien inventaire du Louvre, du portrait de Laurent Cars à Perronneau *fils*, est de nature à laisser subsister quelques hésitations dans l'esprit du chercheur, le texte du contrat et la suite des actes que j'ai pu retrouver les dissipent victorieusement. Donc, Jean-Baptiste Perronneau, fils de Henri Perronneau, bourgeois de Paris, et de Marie-Geneviève Frémont, débuta comme apprenti graveur chez le père de Laurent Cars, qui tenait boutique de planches pour thèses ou paroissiens au bas de la rue Saint-Jacques. Rien n'interdit de supposer qu'il y fut le camarade de François Boucher. Tout au moins dut-il y frayer avec Aveline, Joullain, etc., et dessiner le modèle sous la surveillance de Bouchardon. Suivait-il en même temps les cours de l'Académie Royale? Les registres d'inscription des élèves ne nous sont parvenus qu'à dater de 1738 et ce détail est de ceux que nous ne pourrons jamais contrôler[1]. La carrière de Perronneau ne commence véritablement pour nous que lors de la publication du

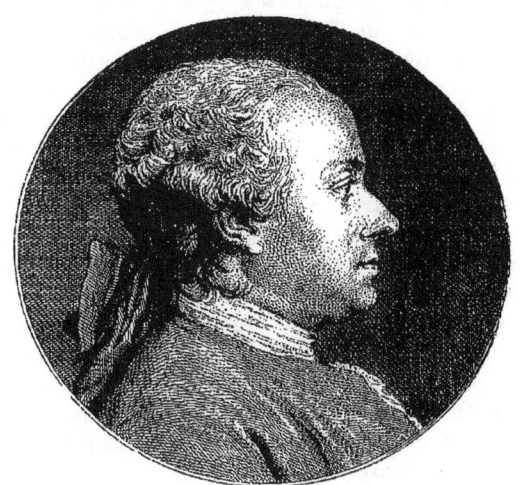

J.-B. PERRONNEAU.
Gravure de Nicolet, d'après le dessin de Cochin.

Livre de diverses figures d'académies dessinées d'après le naturel, par Edme Bouchardon, sculpteur du roi. A Paris, chez Huquier, rue Saint-Jacques, au coin de la rue des Mathurins, avec privilège du roi, 1738. Ce titre, inscrit sur une sorte de draperie, est tenu par un robuste gaillard, entièrement nu et gravé d'une pointe vigoureuse. Sous le trait carré se lit la signature de *J.-B. Perronneau*, qu'on retrouve également au bas de la planche 4, représentant un homme

---

1. L'abbé de Fontenay le dit élève de Natoire. Il est permis de supposer, par le rapprochement des dates, qu'il fut dans cet atelier le camarade de Vien, mais les extraits des *Mémoires* de celui-ci, publiés en 1867, dans la *Gazette des Beaux-Arts*, par M. Francis Aubert, ne mentionnent pas son nom.

couché à terre près d'une urne. La seconde suite, parue la même année et sous la même adresse, ne renferme qu'une seule planche du jeune graveur; c'est la septième (un homme nu, vu de dos, assis sur un rocher). Son intérêt est surtout dans la signature, tracée à la pointe vers la droite : *j. b. Perronneau f.*, signature timide, que je retrouve deux ans plus tard au bas d'un portrait au crayon rouge de Mlle Desfriches, portant cette authentification doublement précieuse : *par Perronneau, 1740*. La naïveté extrême du tracé, le rendu quasiment géométrique du ruban et des agréments du corsage, l'absence de modelé sont tels qu'on se demanderait s'il n'y a pas confusion et si ce méchant croquis ne serait pas du jeune écolier « frère de l'auteur » dont le portrait, inconnu aujourd'hui, figurait au Salon de 1746 ; mais la tradition conservée dans la famille Desfriches est formelle ; cette sécheresse même, d'ailleurs, tenait autant à l'inexpérience de l'artiste qu'à sa pratique de graveur. Le contraste de cette croquade et des éclatants portraits de 1746 ne nous rendrait que plus précieuses les tentatives qu'il fit dans cet intervalle pour assouplir son procédé, mais, cette fois encore, il nous échappe et sa vie publique ne commence pour nous qu'à son entrée à l'Académie Royale en qualité d'agréé.

« Le sieur Jean-Baptiste Perronneau, *de Paris*, peintre de portraits, ayant fait apporter de ses ouvrages, disent les *Procès verbaux*[1] du 27 août 1746, l'Académie, après avoir pris les voix à l'ordinaire et reconnu sa capacité, a agréé sa présentation et le dit sieur ira chez M. le directeur qui lui ordonnera les portraits qu'il doit faire pour sa réception. »

Cette formule, uniformément employée par le rédacteur du procès-verbal à chaque agrégation nouvelle, n'appellerait par elle-même aucune remarque, si elle ne décelait une particularité assez piquante.

La pratique du pastel, longtemps abandonnée en France à un très petit nombre d'adeptes, avait, depuis le séjour de la Rosalba à Paris, obtenu une vogue singulière. Si La Tour, qui, jusque-là, n'avait pas connu de rival, ne se voyait point encore menacé dans sa royauté incontestée, une réaction, dont les brochures du temps nous ont apporté l'écho, commençait à se dessiner contre ce procédé, en lui-même jugé trop expéditif et trop éphémère. Trois mois avant l' « agrément » de Perronneau, un autre débutant, dont la vie fut par la suite, semble-t-il, presque aussi errante et aussi inconnue que

---

[1]. Publiés par M. A. de Montaiglon pour la *Société de l'Histoire de l'Art français*. Tome VI, p. 34.

la sienne, Alexis Loir[1], était admis le 30 avril 1746, moins sur la présentation de ses pastels qu'en considération de « ses talents pour modeler », et quoique Perronneau n'ait pas été tenu de fournir le même genre d'épreuve, ce furent cependant deux portraits *à l'huile*, ceux d'Oudry et d'Adam l'aîné, dont l'Académie lui imposa l'exécution avant de l'admettre définitivement.

En attendant qu'il acquittât ce double engagement, — et il mit sept ans à se libérer, — le nouvel agréé usa sans tarder du droit que lui conférait son titre d'exposer au salon de l'Académie Royale et, le 25 août 1746, il entra en lice avec cinq portraits, dont trois au pastel : *le marquis d'Aubail* (sic) *en cuirasse*, *Hubert Drouais*, *Gilcain* (sic), *le petit Demoyel tenant une poule huppée* et *un jeune écolier, frère de l'auteur, tenant un livre*.

Les érudits familiers avec l'histoire de nos provinces méridionales connaissent tous l'important recueil de *Pièces fugitives pour servir à l'histoire de France* (1748-1759, 3 vol. in-4°), publié par un savant nîmois, Léon Ménard, avec la collaboration et très probablement aux frais du marquis d'Aubais ; mais les curieux, sous les yeux de qui a passé la très belle estampe gravée par Daullé d'après l'original de Perronneau, seraient tentés d'attribuer au modèle un rôle militaire qu'il ne joua jamais. Sa famille, originaire d'Ombrie et depuis longtemps établie dans les Cévennes, avait pris une part importante aux luttes religieuses du xvi° siècle et son père, Louis, baron d'Aubais et du Cayla, avait payé de l'exil et de la confiscation de ses biens son attachement à la foi protestante. Né au château de Beauvoisin, le 20 mars 1686, Charles de Baschi s'était vu, dès l'âge de neuf ans, enlevé à la sollicitation de Fléchier, par ordre du roi, conduit au collège de Clermont à Paris et converti au catholicisme. Un serviteur dévoué avait réussi toutefois à le dérober aux Jésuites ; mais il fut repris sur la route de Genève et renfermé de nouveau jusqu'à sa majorité. A part ce romanesque épisode, la vie de Charles de Baschi d'Aubais n'offre que peu d'incidents. Rentré en possession du bien paternel, marié dès 1708 à Diane de Rozel, dame de Cors et de Beaumont, qui lui donna quatre enfants, il se consacra exclusivement aux recherches historiques et rassembla dans son château de Beauvoisin l'une des bibliothèques les plus nombreuses de la région. « Elle est remplie, écrivait Baudelot de Dairval, des meilleurs

---

1. Voir le mémoire de M. Paul Lafond sur *Alexis Loir et Marianne Loir*, présenté en 1892 à la réunion des Sociétés des Beaux-Arts (16° session), pp. 365-377.

livres d'histoire que l'on connaisse, surtout de titres et de mémoires généalogiques très recherchés des maisons et familles de France. » Durant l'un de ses séjours à Paris, où il fut appelé plusieurs fois par un long procès et aussi par le besoin d'accroître encore sa bibliothèque, — en 1769, il acquiérait d'un seul coup cinq mille volumes et de nombreux manuscrits, — le marquis voulut laisser aux siens une effigie digne du sang belliqueux qui coulait dans ses veines; ainsi du moins s'explique l'équipement dont Perronneau l'a revêtu; mais, soit que le modèle eût voulu rappeler par là les preux dont il descendait, soit qu'il eût cédé à une fantaisie du peintre jaloux de montrer comment, d'ores et déjà il traitait les accessoires, toujours est-il que la cuirasse qui emprisonne son torse a gardé tout son éclat et que l'ensemble est fort beau. Lorsque la bibliothèque et les papiers du marquis d'Aubais eurent été dispersés à tous les vents et qu'il ne resta plus une pierre du château de Beauvoisin, le portrait de leur ancien possesseur sortit, lui aussi, des mains pieuses ou indifférentes qui jusqu'alors en avaient eu la garde; son odyssée commence pour nous à la première vente Laperlier (1867), d'où il passa dans le cabinet de M. le marquis de Beurnonville, puis dans celui du peintre Émile Lévy.

Le portrait d'Hubert Drouais n'a point connu ces mécomptes, ni ces triomphes. Tel il fut offert au modèle par l'auteur, tel il est resté depuis cent cinquante ans, sans être exposé à d'autres déplacements que ceux mêmes de la famille à laquelle il n'a cessé d'appartenir. Aucun objectif photographique n'avait encore été braqué sur lui et nulle exposition rétrospective ne l'a enregistré sur ses catalogues. Mais l'éminent érudit qui l'a reçu en héritage, M. Noël Valois, a bien voulu autoriser la *Gazette* à en prendre un cliché fidèle. De trois quarts à gauche, en buste, vêtu d'un habit noir, coiffé d'une perruque bouclée, la main sur un portefeuille gaufré d'or, le chef de la dynastie des Drouais a vu grandir et mourir son fils et son petit-fils et son nom s'éteindre, mais sa lèvre fine et ses yeux bleus sourient encore aux arrière-petits-neveux qui jouent au pied de son cadre sculpté.

Rare et enviable destinée refusée, et pour cause, à l'effigie de François Gillequin! Ce n'est pas, en effet, à la sollicitude de ses proches que nous devons de pouvoir aujourd'hui encore admirer cette grasse et ferme peinture, dont une note de Desfriches, datée du 4 septembre 1768, collée au revers du châssis vermoulu soigneusement conservé par M. Léon Michel-Lévy, nous apprend l'origine :

« Ce tableau est le portrait du sieur Gillequin, peintre, et amy du chevalier Arnoud (Ernou) qui le fit son héritier; il est peint par Perronneau environ l'an 1750. Gillequin fixa son séjour à Angers. Je l'allais voir à mes passages dans cette ville. En 1754 je le trou-

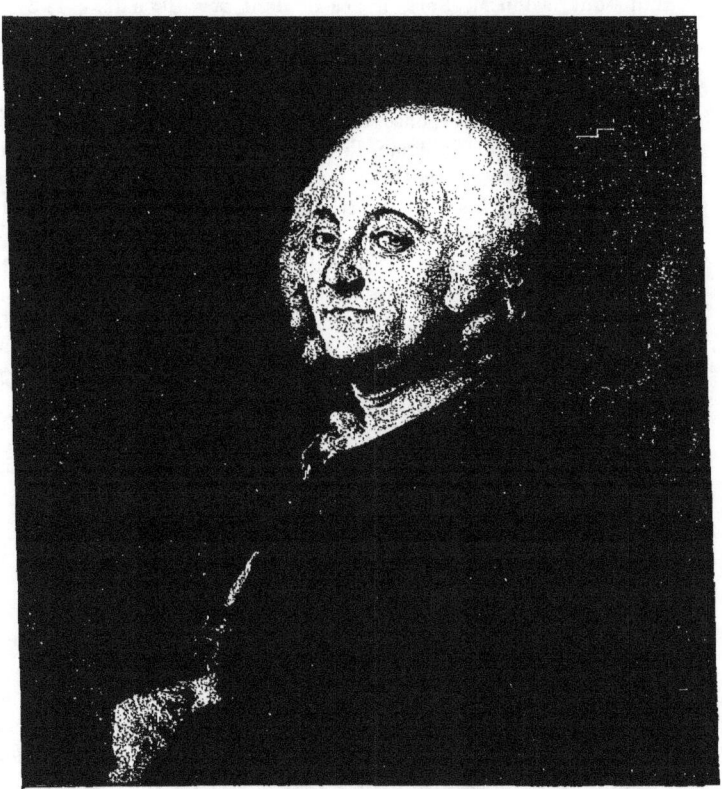

FRANÇOIS DROUAIS, PAR PERRONNEAU.
Pastel, appartenant à M. N. Valois.

vai à l'extrémité, d'une goutte remontée : il me pria d'accepter son portrait, prévoyant bien qu'il n'irait pas loin. En effet, deux jours après il mourut. »

Le pauvre Gillequin n'a d'ailleurs guère été mieux traité par la postérité que l'artiste qui nous a conservé ses traits. Sans M. Célestin

Port, nous ne serions pas en mesure de vérifier les dires de Desfriches, ni de contester ceux de Mercier de Saint-Léger qui, en 1776, faisait mourir Gillequin « à Dijon, il y a une dizaine d'années »; tandis que, selon M. Port, il décéda dans sa ville natale, le 5 novembre 1750, à l'âge de cinquante-cinq ans. En 1748, il avait fourni à la ville le portrait de l'ancien maire Romain et, l'année même de sa mort, ceux de quatre échevins dont le prix ne fut réglé qu'à sa succession. « Il avait épousé, ajoute Mercier, sans doute mieux renseigné sur ce point, la sœur de l'abbé Clément, confesseur de Mesdames, et prédicateur célèbre, dont il eut un fils qui est dans l'état ecclésiastique et à qui la bienveillance de Mesdames procura une pension de 3,000 livres à la mort de son oncle (1771). »

Au reste Mercier ne s'était pas constitué le biographe de Gillequin et s'il a rappelé ces faits, c'est à propos d'un manuscrit dont il signalait l'importance au rédacteur de l'*Année littéraire* : une description des tombeaux des ducs de Bourgogne, existant encore alors à la Chartreuse de Dijon, dont Gillequin avait exécuté les planches et dont l'érudit J.-B. Michault avait rédigé le texte; ce manuscrit, retrouvé, en 1776, dans la bibliothèque du duc de Saint-Aignan, est entré récemment à la Bibliothèque Nationale, après avoir longtemps appartenu à celle du palais de Compiègne.

Si, comme je le crains, le petit Demoyel et le jeune écolier, frère de l'auteur, n'ont rien fait qui les recommande à l'attention de la postérité, la poule huppée que tient l'un et le livre que tient l'autre sont, comme tant d'autres de ces signalements naïfs dont les livrets du xviiie siècle sont prodigues, des indications bonnes à noter, en vue d'une identification toujours possible.

Au reste, ce début de Perronneau au Salon de 1746, qui nous paraît à nous si brillant, ne semble pas avoir causé la même surprise aux visiteurs de l'Académie Royale et les *Sentiments* de la Font de Saint-Yenne imitent à l'égard du nouveau venu le silence dédaigneux du *Mercure*. Il n'attira pas davantage l'attention des aristarques au Salon de l'année suivante, où il était représenté par six autres portraits. Le seul d'entre eux qui nous soit aujourd'hui connu est celui de « M. Lemoyne, âgé de cinq ans, fils du sculpteur » dont M. Edmond de Goncourt a dit qu'il ne connaissait « rien d'aussi franchement charmant, » et que Paul Mantz signalait en termes non moins chaleureux à l'exposition de la rue de Sèze (1885), à laquelle M. Groult l'avait confié. A défaut de M*** *en habit de bal*, de *M. Huquier et de son fils tenant un lapin*, de Mme *Villeneuve tenant*

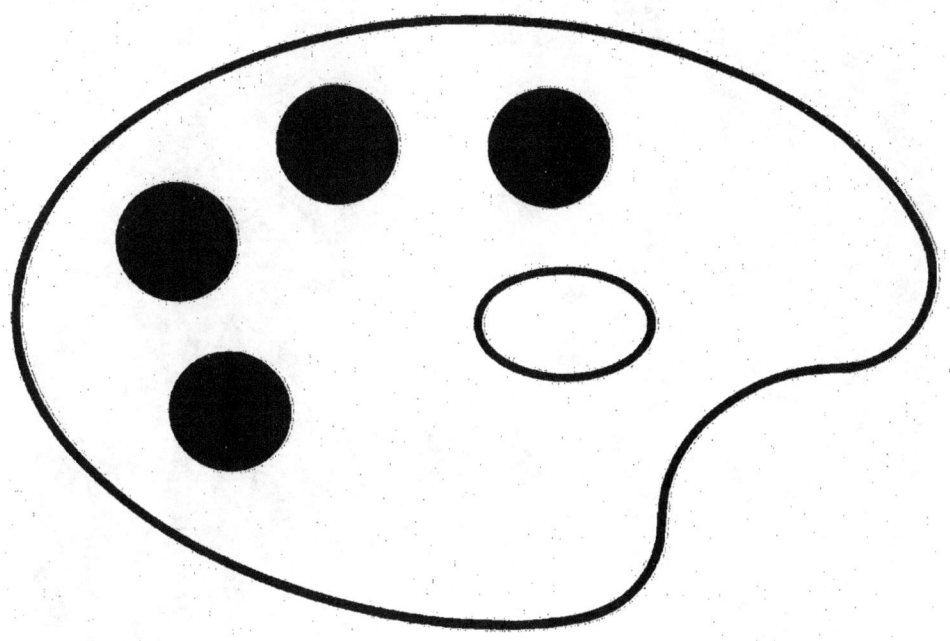

Original en couleur
NF Z 43-120-8

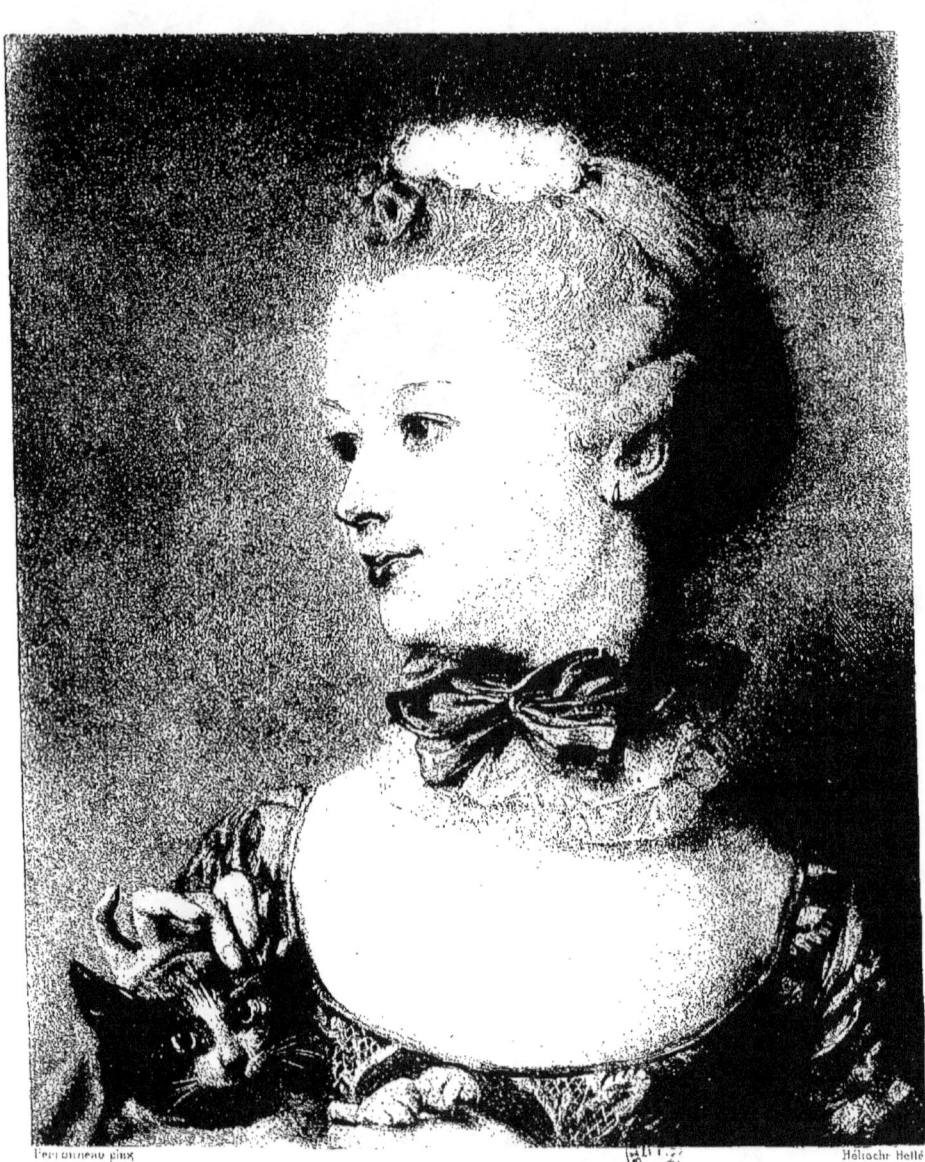

PORTRAIT DE JEUNE FILLE
(Musée du Louvre)

son manchon, de *M. L.*, dont le trop discret catalogue ne spécifie ni le vêtement ni l'attitude, il existe du moins un autre spécimen de l'habileté de Perronneau en cette même année 1747 : c'est le portrait du comte de Bastard, gravé par M. Achille Gilbert pour le catalogue de la vente John W. Wilson (1881) et qui a reparu en 1885, à cette même exposition des pastellistes. « Ce personnage, que la nature distraite avait assez mal dessiné, écrivait Paul Mantz, Perronneau l'a saisi sur le vif; il ne l'a point flatté; il lui a laissé l'incohérence de ses lignes : l'effigie est belle et parlante. »

En 1748, l'envoi de Perronneau, où le sacré se mêle innocemment au profane, comporte un Révérendissime abbé de Sainte-Geneviève[1], une danseuse figurante surnuméraire de l'Académie Royale de musique, une basse-taille du même théâtre, un couple d'honnêtes bourgeois marseillais et la fille, ou, plus probablement, la sœur d'un architecte du roi. Où sont aujourd'hui ces images, un moment groupées sur la muraille par les soins du « tapissier » de l'Académie? C'est encore en faveur de l'exposition des pastellistes de 1885, que M. Groult s'était un moment dessaisi des merveilleux portraits de *M. Olivier* en habit de velours, appuyé sur une table, et de madame son épouse, « habillée d'une robe de péquin »; et puisque les deux premiers tirages du livret de 1748 nous révèlent que *M*lle *Delépée la jeune* s'était fait peindre « en habit couleur de rose », il n'est pas interdit de chercher à la retrouver dans un autre pastel de la même collection, où les nuances tendres de la jupe se marient aux rubans bleus du corsage et du velours également bleu du petit loup que tient le modèle. Le domino noir, dont M.lle Amédée, de l'Opéra, s'était enveloppée pour poser devant le peintre, la fera

1. Une très belle planche, gravée par Daullé et datée de 1750, nous donne le nom du modèle de Perronneau : c'est le P. Lazare Chambroy, abbé de Sainte Geneviève, supérieur général de la congrégation de France. Né à Lyon en 1678 et fils d'un chirurgien, le P. Chambroy, successivement professeur de théologie, professeur de l'abbaye de Chaâge (diocèse de Meaux) et de l'abbaye du Val des Écoliers à Liège, avait été élu en 1745 abbé général et confirmé dans ses fonctions en 1747; il mourut à Paris, le 3 septembre 1770. (Pernetti, *Lyonnois dignes de mémoire*, II, 346, et M. E. Delignières, *Catalogue raisonné de l'œuvre de J. Daullé* (Rapilly, 1873, in-8°, n° 11).

À défaut du portrait original, dont le sort m'est inconnu, cette gravure permet de ne point le confondre, comme l'a fait M. Reiset, avec un très beau portrait de bénédictin peint à l'huile par Perronneau et retrouvé par M. Eudoxe Marcille aux environs de la célèbre abbaye de Fleury-sur-Loire, d'où il provenait, selon toute apparence.

peut-être reconnaître quelque jour, et nous saurons alors si l'artiste avait pris soin de doter l'aimable enfant de sourcils que la nature lui avait refusés, ce qui ne l'empêchait pas d'avoir « une physionomie délicieuse ». Dufort de Cheverny, qui nous donne ce détail [1], la vit en 1750 à Londres, après son enlèvement par le duc de Cumberland ; il nous assure qu'elle passait « pour la meilleure fille du monde », mais que, « peu foncée sur l'instruction, elle avait à peu près complètement oublié la langue française ». Plus tard, le bruit se répandit qu'elle avait été assassinée ; grâce au ciel, il n'en était rien et le manuscrit « Amelot » [2], bien connu des chercheurs auxquels M. Nuitter n'en refuse jamais la communication, nous rassure : « Cela, dit-il, s'est trouvé faux, ayant depuis reparu à Paris. » Son portrait l'y avait-il suivi, ou demeura-t-il la propriété du noble duc, qui en avait plus que probablement payé la façon ?

L'Opéra comptait à la même époque deux artistes du nom de Le Page, et Baillet de Saint-Julien [3], qui désigne en toutes lettres le modèle de Perronneau, ne nous a point dit qu'il s'agissait de la basse-taille ou de la haute-contre, mais s'il trouve « trop large » le corps du sieur Le Page, il reconnaissait que la tête était « touchée à ravir ».

En 1749, pour une cause restée secrète, il n'y eut pas de Salon. Ni les procès-verbaux de l'Académie Royale, ni la correspondance de Lenormant de Tournehem, successeur d'Orry de Fulvy à la direction des Bâtiments, ne révèlent le motif de cette interruption, qui déplut fort au public. Par contre, les envois au Salon de 1750 n'en furent que plus nombreux, et Perronneau, pour sa part, n'y comptait pas moins de quinze portraits, tant à l'huile qu'au pastel, presque tous anonymes : ceux mêmes qui n'avaient point usé de cette trop prudente réserve, *M. Thiboust, imprimeur du roi et son épouse; M. Kam* (Le Kain ?) *en habit de velours noir, M. Beaumont*, graveur de l'Hôtel-de-Ville, n'ont pas été, en fin de compte, mieux partagés que *M. de*** vu de côté, ayant* (lui aussi) *un habit de velours noir; M. C***, tenant son chapeau; M***, en robe de chambre; M. l'abbé de**** et les mysté-

---

1. *Mémoires de J.-N. Dufort, comte de Cheverny, sur les règnes de Louis XV et Louis XVI et sur la Révolution*, publiés par R. de Crévecœur. Paris, E. Plon, Nourrit et Cie, 1886, 2 vol. in-8° (tome Ier, p. 37).

2. *Mémoires pour servir à l'histoire de l'Académie Royale de musique, vulgairement l'Opéra, depuis 1669 jusqu'en 1758* (archives de l'Opéra).

3. *Réflexions sur quelques circonstances présentes, contenant deux lettres sur l'exposition des tableaux du Louvre, cette année 1748, à M. le comte de R...* (in-12, 23 p. et 2 p. d'errata).

rieuses inconnues, reconnaissables seulement, l'une à un bouquet de giroflées, l'autre à un bouquet de barbeaux, $M^{me}\ de^{***}$ à sa robe bleue, $M^{me\ ***}$ à sa robe verte, $M^{me}\ Du...$ à l'éventail avec lequel elle badi-

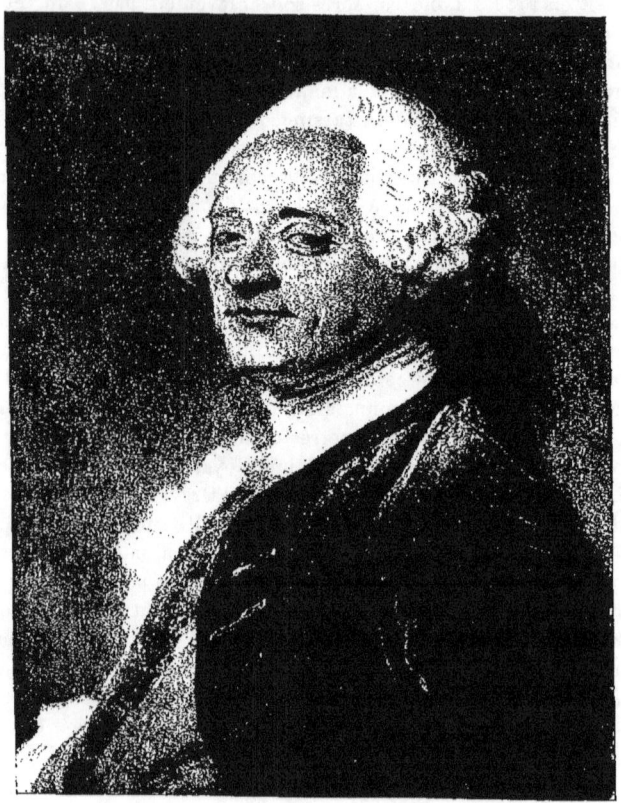

QUENTIN DE LA TOUR, PAR PERRONNEAU.
(Musée de Saint-Quentin.)

nait. L'un de ces gracieux modèles a du moins échappé au naufrage : c'est $M^{lle\ ***}$ *tenant un petit chat*, acquis de M. Féral par la direction du Louvre en 1870 et reproduit ici même, avec toute la perfection qu'on est en droit d'attendre des procédés actuels. N'eût-il laissé que ce spécimen de son talent, Perronneau mériterait la gloire posthume qui lui a été trop longtemps marchandée. Mais le seul portrait du Salon de 1750 qui semble avoir provoqué l'attention de ses contemporains dut sa célébrité moins au talent de l'artiste qu'à la gageure singulière dont il était l'enjeu.

La Tour n'avait semblé tout d'abord concevoir aucune jalousie des premiers succès de Perronneau, et l'abbé Le Blanc, son commensal, ou, pour parler net, son parasite, ne craignait certainement pas de lui déplaire lorsque, dans sa *Lettre sur l'exposition... de 1747*, il signalait les envois du jeune agréé en termes des plus flatteurs. De ces éloges à un parallèle, il n'y avait qu'un pas, et pour y couper court, la tradition veut que La Tour ait proposé à Perronneau, qui se serait tout d'abord récusé, de poser devant lui. Il y consentit enfin, et ce portrait, daté de janvier 1750, prouve qu'il était de force à affronter un si dangereux honneur. « C'est, ont dit MM. de Goncourt, un La Tour en surtout noir, en gilet de brocart rose galonné d'or, la main passée dans le jabot de dentelle, un très beau et très fin portrait qui tient aujourd'hui vaillamment sa place au musée de Saint-Quentin, au milieu de tous les pastels de son grand rival. » En même temps, et sans l'en prévenir, celui-ci envoyait au Salon sa propre effigie et obtenait de Portail que, contrairement aux règlements du Salon, le travail de l'agréé fût placé auprès de celui de l'académicien. Il est de tradition que la comparaison fut écrasante pour le premier. Ce n'est pas toutefois aux deux ou trois critiques du Salon de 1750 qu'il faut demander la confirmation de cette anecdote, acceptée par tous les biographes de La Tour. Des deux témoignages qui lui donnent quelque apparence d'authenticité, un seul est immédiatement contemporain. MM. de Goncourt ont, les premiers, relevé dans un *livre à clés*[1], très oublié et digne de l'être, cette allusion évidente à la joute des deux peintres : « Prends ton temps pour te peindre, ambitieux *Toural;* tu es en bonne humeur, tes yeux brillent et tu as le teint clair et vif. Saisis le moment, peins-toi. Une longue insomnie te rend aujourd'hui le visage terni; tu as la vue chargée par un cruel mal de tête; tu es bouffi, méconnaissable. Qu'attends-

---

1. *L'École de l'homme ou Parallèle des portraits du siècle et des tableaux de l'Écriture sainte, ouvrage critique, moral et anecdotique;* à Londres (Noyon), 1752, 3 vol. in-12. L'auteur, que MM. de Goncourt définissent, sans le nommer, « un La Bruyère religieux du xviiie siècle », était, au demeurant, un assez mauvais sujet appelé François Génard, qui, après avoir tâté plusieurs fois du régime de la Bastille et de Vincennes, mourut en 1764 à Bicêtre, où il purgeait une condamnation pour vol. (Cf. F. Funck-Brentano, *Catalogue des Archives de la Bastille*, n° 11810.)

tu? Peut-il y avoir un instant plus propre pour faire faire un portrait qui ne te ressemble pas? Ne l'échappe point ; cours chez ton rival, aide encore l'occasion qui travaille contre lui, fais-toi peindre, paye et largement. »

Bien avant la mise en lumière de ce passage, quelques lignes de Diderot dans son Salon de 1767 (écrit par conséquent dix-sept ans après et publié seulement en 1798) avaient, en la blâmant, dévoilé la perfidie de La Tour et singulièrement embrouillé la question au point de vue iconographique, car elles donnent à entendre que Perronneau avait peint La Tour « le devant du chapeau rabattu, la moitié du visage dans la demi-teinte et le reste du corps éclairé, » description de tout point conforme à celle du portrait de La Tour par lui-même du Salon de 1742. Il serait assurément piquant de rapprocher, à un siècle et demi de distance, les deux portraits accrochés jadis côte à côte, et peut-être le jugement de la postérité casserait-il sans appel celui des « connaisseurs » d'alors. Par malheur, il faut renoncer à désigner à coup sûr le pastel par lequel La Tour avait entendu établir son incontestable supériorité, et après avoir, comme l'ont proposé MM. de Goncourt, éliminé du débat les deux portraits où l'auteur s'est représenté riant (1737) et le chapeau sur la tête (1742), la mention du livret de 1750 : « Plusieurs têtes sous le même numéro », n'est pas, reconnaissons-le, de nature à nous tirer d'embarras. Pour répondre au défi qu'il avait lui-même provoqué, La Tour se serait-il contenté d'opposer au portrait très terminé et très étudié, point par son adversaire, une simple ébauche? La supposition est invraisemblable. Resterait à établir la date précise du beau portrait retrouvé jadis à Sens par Léon Lagrange, gravé en 1867 pour la *Gazette* par M. Léopold Flameng et dont la légende peu claire : *Super omnes docentes se intellexit* est peut-être une malice du curé de Sainte-Colombe à l'adresse de l'infatuation de La Tour.

Quoi qu'il en fût des méchants procédés de celui-ci et s'il réussit à conserver la clientèle de la cour, de la noblesse et de la haute finance, les modèles ne manquèrent pas à Perronneau. Les portraits de l'architecte Chevotet et de sa femme (coll. Delzons, à Orléans) sont datés de 1751, et il put, en outre, faire figurer au Salon de la même année ceux du *Comte de Bonneval*, de *M. Ruelle*, premier échevin, et *Mme Ruelle*, de *M. et Mme**** (*Fontaine*, sellier du Roi, selon une note de Mariette sur son exemplaire du livret), de *Mme de Saint****, de *Mlle Silanie*, de *Mlle****, de *M. Desfriches*, de *Mlle Rosaline*, deux portraits d'hommes anonymes, plus, suivant une autre note de Mariette, celui de Mme *du Ruisseau*, peint à l'huile et non porté au catalogue. Le portrait de Desfriches appartient toujours à l'un de ses descendants, M. Paul Ratouis ; mais, encore une fois, où sont les autres ? Quels noms se cachent sous ces trop discrètes étoiles ? Qui nous donnera l'état civil de Mlle Silanie et de Mlle Rosaline ?

Si les visages nous échappent, nous avons du moins la satisfaction de constater que Perronneau eut enfin ce qu'on appelle aujourd'hui « une bonne presse ». M. de Caylus daigna louer « la facilité et l'agrément de la couleur » et l'auteur du *Jugement sur les principaux ouvrages exposés au Louvre* (Ch. Coypel ou Lacombe?) lui donna des conseils qui indiquent un praticien rompu aux difficultés du métier, mais qui se terminent par ce singulier souhait : « Je voudrais, dit-il, qu'il accusât tellement les formes qu'on pût modeler d'après ses portraits, comme on serait en état de le faire d'après ceux de M. de La Tour. »

Cependant l'Académie attendait toujours les deux morceaux de réception commandés en 1746 et à défaut desquels Perronneau n'eût jamais pu se parer du titre plus sonore qu'effectif de « peintre du Roi ». Après que la Compagnie eut reçu avec indulgence ses excuses et celles des autres retardataires, Verbeckt, Adam le cadet et Falconet, un dernier délai de six mois lui fut accordé le 23 février 1753, et il tint parole. Les portraits d'Oudry et d'Adam l'aîné firent au jour dit leur entrée au Louvre, en compagnie de ceux de *Julien Le Roy*, de la *Princesse de Condé*, de *Mylord de Huntington*, de *Mme Le Moyne*, femme du sculpteur, et de *Mme****.

Depuis que le Louvre a récupéré de l'école des Beaux-Arts ceux des portraits des académiciens que le Musée de Versailles ne s'était pas vu adjuger par M. de Cailleux, chacun peut admirer les portraits d'Oudry et d'Adam l'aîné, et vérifier, surtout à l'égard du premier, la justesse de l'observation de M. Reiset : « Les têtes et les mains bien posées, dessinées sur nature et sans pratique, sont expressives et facilement rendues, les vêtements d'un ton rompu et doux sont d'un faire qui trahit le pastelliste, car, contrairement à La Tour qui donnait à son pastel l'éclat de l'huile, Perronneau donne volontiers à ses portraits à l'huile l'harmonie un peu affaiblie du pastel. »

Du surplus de l'envoi de Perronneau au Salon de 1753, nous ne pouvons juger que par la gravure du portrait de Julien Le Roy[1].

---

1. Le portrait de Julien Le Roy a été gravé deux fois : de format in-folio par Moitte, et de format in-12 par F. Hubert, pour accompagner une notice biographique de Le Prévot d'Exmes (S. d. in-8°, 32 p.). Dans l'estampe in-folio, Julien

L'horloger du roi a laissé nombreuse et savante postérité et je serais bien surpris que l'original de son portrait ne se retrouvât pas quelque jour. Le nom d'Huntington n'est pas éteint et figure encore au *Peerage* : l'image de l'ancêtre est très probablement appendue au

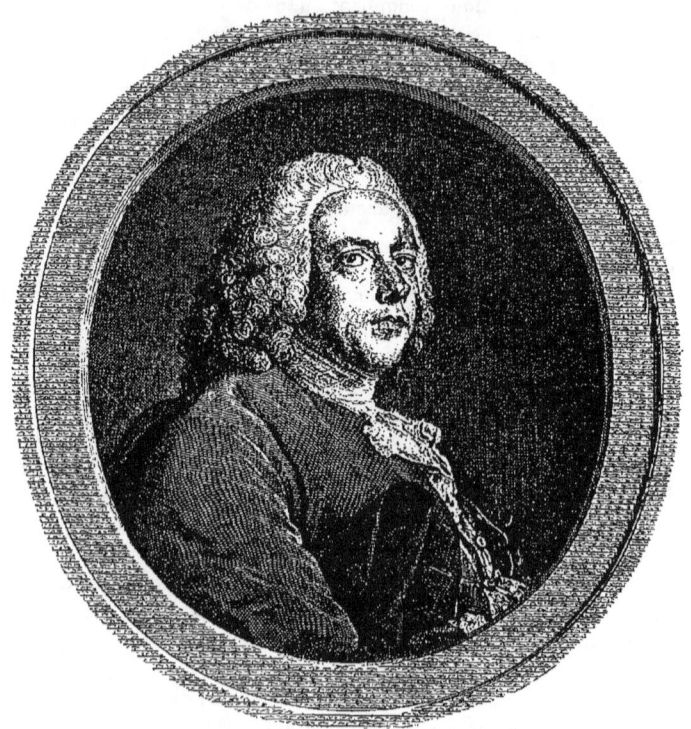

M. BOUGUER, DE L'ACADÉMIE DES SCIENCES.
Peint par Perronneau. — Gravé par Miger.

mur du manoir de Roscrea ; mais M*me* Le Moyne et M*me* *** manquent à l'appel, tout comme cette jeune princesse de Condé (Élisabeth de

Le Roy tient de la main droite un livre qui a disparu de la planche d'Hubert, mais qui existait certainement sur l'original.

Rohan-Soubise), mariée la même année à seize ans et morte à vingt-trois[1] en 1760.

Pour la première fois peut-être, la critique ne renvoie pas Perronneau à l'imitation stricte de La Tour, qu'elle n'a cessé jusque-là de lui conseiller; bien plus, elle ose le comparer au maître à propos du portrait de Julien Le Roy[2]. Tout en formulant quelques réserves sur « le bleu qui domine dans toutes les ombres de ces têtes de femmes », Garrigues de Froment rappelle les éloges que provoquèrent, à leur présentation à l'Académie, les portraits d'Oudry et d'Adam l'aîné, et l'abbé Le Blanc, dont le témoignage vaut surtout à raison de son intimité avec La Tour, n'est pas moins louangeur. « Les différents portraits de M. Perronneau, dit-il, sont autant de preuves des progrès qu'il fait journellement dans son art. On voit qu'il cherche la nature en homme qui en connaît tout le prix. L'exemple de plusieurs peintres prouve que les yeux du corps ne suffisent pas pour l'apercevoir; on ne la saisit bien qu'avec les yeux de l'esprit. Elle ne peut échapper à quelqu'un qui a tout celui qui fait le mérite de la touche de cet artiste. »

Tout souriait en ce moment, on le voit, à Perronneau : les commandes affluaient, la critique avait désarmé, ses fréquentes signatures au bas des procès-verbaux de l'Académie témoignent qu'il n'était pas encore obligé d'aller chercher fortune au loin; il eut certainement alors la velléité de se fixer à Paris et, pour s'affermir dans cette louable résolution, il se maria.

II

Malgré les tiraillements et les scissions dont les artistes des deux derniers siècles donnèrent plusieurs fois le spectacle, les unions

---

1. Le portrait de *Pierre Bouguer*, de l'Académie des sciences, daté de 1753, n'a pas figuré au Salon. La gravure qu'en exécuta Miger en 1779 lui servit de morceau de réception à l'Académie, et la planche existe encore à la Chalcographie; mais c'est sur le pastel original qu'on peut se rendre compte du don de Perronneau à pénétrer l'*intus et in cute* de ses modèles, et lorsqu'on a bien examiné le visage infiltré de bile de Bouguer, on ne s'étonne plus de l'acharnement qu'il apporta dans ses démêlés avec La Condamine, son ancien compagnon de voyage au Pérou, où ils s'étaient rendus en 1736 pour déterminer la figure de la terre. Le pastel a été offert en 1846 au Louvre par un orientaliste, M. Grangeret de Lagrange, conservateur à la Bibliothèque de l'Arsenal, qui le possédait, dit-il, « depuis longtemps » (archives du Musée).

2. *Lettre sur l'exposition des tableaux du Louvre, avec des notes historiques* (in-12, 65 p.), attribuée à Huquier fils.

n'étaient pas rares entre gens épris d'un même idéal, façonnés par la même solide éducation et vivant des mêmes ressources : de Le Brun à Joseph Vernet, que d'alliances on pourrait citer, où se retrempait encore le sentiment profond de la solidarité qui fut la force et la gloire des anciennes corporations et l'excuse de leurs ingérences tyranniques ! Tout irrégulier qu'il devint par la suite, Perronneau ne dérogea point à cette constante tradition, puisqu'il épousa l'une des filles du miniaturiste Louis-François Aubert.

En analysant dans ses précieux *Inventaires et scellés d'artistes* (II, pp. 215-216), le procès-verbal dressé à la requête des héritiers d'Aubert, M. Jules Guiffrey faisait observer avec raison que, par la nature même de leurs œuvres, les miniaturistes et les peintres en émaux sont voués à une obscurité presque inévitable et que leurs peintures de dimensions restreintes restent le plus souvent cachées dans des collections particulières. Louis-François Aubert n'a point été mieux partagé que ses confrères : le Louvre n'a rien de lui et son nom manque à tous les répertoires biographiques. Néanmoins, il n'est pas impossible de retrouver sa trace. Sous le n° 383 de la vente posthume du marquis de Calvières (1779) figurait un pastel signé *L. Aubert* et daté de 1744, dont Gabriel de Saint-Aubin nous a laissé un vague croquis, représentant un peintre assis devant son chevalet, tandis que son élève tient auprès de lui une boîte à couleurs. Le baron Schwiter avait de même recueilli un dessin colorié au pastel, d'un gentilhomme debout et vêtu d'un habit violet, signé *Louis Aubert*. Si rien ne nous y autorise, rien ne nous interdit non plus d'attribuer ces deux pastels (et la date du premier serait une présomption d'authenticité) à Louis-François Aubert, dont le nom est tombé plus d'une fois sous les yeux de M. Louis Courajod, soit en retrouvant dans les archives de la maison du roi (O¹ 1927 A), une pétition du sieur Aubert, en faveur de son fils, élève de l'École Royale des Élèves protégés, soit en relevant le brevet qui le pourvoyait du titre de peintre en émail du Roi (O¹ 95), soit, enfin, en reproduisant cet article du *Journal* de Duvaux (avril 1754, n° 1738), qui nous le montre peignant une tabatière d'écaille garnie d'or émaillé, dont Mᵐᵉ de Pompadour avait fourni le dessus.

Le 3 novembre de cette même année 1754, Jean-Baptiste Perronneau et Louise-Charlotte Aubert signaient par-devant Mᵉ Demeure et son confrère un contrat en bonne et due forme, aux termes duquel les futurs époux reconnaissaient apporter en dot six mille livres en deniers, quatre mille livres en meubles et linge et seize mille livres de douaire. L'original du contrat, qui existe dans le minutier du successeur de Mᵉ Demeure, est, suivant l'usage, contre-signé par les personnages les plus qualifiés connus des deux familles, par les témoins, par les parents et par les amis. Ces noms célèbres ou obscurs ne sauraient nous laisser indifférents, car plusieurs appartiennent à l'histoire et d'autres sont ceux de gens qui avaient servi ou devaient servir de modèles à l'artiste. Le contrat avait été présenté d'abord à Jean-Louis de Gontaut-Biron, duc de Biron, pair de France, abbé de Moissac, et à Michel Bouvard de Fourqueux, procureur général de Sa Majesté en sa Chambre des Comptes ; venaient ensuite les témoins du peintre : Louis-Jean Gaignat, écuyer, conseiller du Roi, receveur général des consignations et des requêtes du Valois (le fameux bibliophile) ; Louis-Félix de Boulancour, écuyer, prêtre, docteur de Sorbonne ; Barthélemy-Augustin Blondel d'Azincourt, lieutenant-colonel d'infanterie, chevalier de Saint-Louis, intendant des Menus-Plaisirs ; Ch. Giraud, orfèvre ; J.-B. Massé, conseiller de l'Académie de peinture ; Pierre Peter de Pape, bourgeois de Paris et Marie-Agnès Dubois, son épouse ; Louis de Pape fils ; Isaac van Rynwald, « hollandois » ; J.-B. Lafontaine, sellier des petites écuries du Roi ; Jean-Louis Babaut, bourgeois de Paris ; Laurent Cars, graveur ; Gérard Baudet, avocat au Parlement ; Julien Le Roy ; Philippe-Charles Legendre de Villemorien, administrateur général des postes ; Jean La Roche et Sauveur La Roche, arquebusiers du Roi ; Charles-Jacques Billaudel, intendant ordonnateur des bâtiments du Roi, contrôleur du château de Choisy ; Charles du Ruisseau, avocat au Parlement. Les témoins de la future épouse étaient pour la plupart des artistes ou des négociants que leur profession mettait en rapport avec Aubert : François-Joseph Marteau, graveur en médailles du Roi, et Geneviève Girard, son épouse, oncle et tante de Louise-Charlotte ; Geneviève-Valérie Marteau, sa cousine ; Ch.-François Aubert de Rigny, procureur au Parlement, son cousin ; Jean Ducrotoy, marchand orfèvre ; Jacques Charlier, peintre du Roi ; Michel-Ange Chasles, peintre ordinaire du Roi ; puis venaient une sœur, Marie-Françoise Aubert, Geneviève Collin, Madeleine Nérat, veuve Tourolle, Claude-Charles-Dominique Tourolle, Charlotte-Félicité Tourolle, Marguerite-Françoise Coquelin, « tous amis ».

Le mariage fut célébré le 9 novembre 1754, à l'église Saint-Barthélemy, paroisse des époux Aubert, demeurant alors place Dauphine, et Perronneau emmena sa jeune femme à ce domicile de la rue Fromenteau que lui assigne à cette date la liste annuelle publiée par l'Académie Royale[1].

Le Salon de 1755 le retrouva fidèle à son poste. Des dix-huit portraits qu'il y envoyait, sept sont anonymes et les noms des trois autres (Mme *Vanville tenant un bouquet de barbeaux; le Prince Charles de Lorraine, gouverneur des Pays-Bas,* et sa sœur *la Princesse Charlotte de Lorraine, abbesse de Remiremont et de Mons*), sont présentement tout ce qu'on sait de cet envoi[2]. Seule, la *Lettre d'un particulier à un de ses parents, peintre en province,* — brochure rare, que Mariette n'avait pu se procurer, mais que possède la Bibliothèque de la Ville, — formule, au sujet du portrait du prince Charles de Lorraine, une remarque désobligeante, dont l'iconographie peut néanmoins faire son profit : « M. Perronneau, dit-elle, a mis sous nos yeux un portrait colossal en cuirasse. Respect à part dû au prince qu'il représente, ce portrait eût pu figurer au plafond du dôme des Invalides, s'il eut été plus fier de couleur. Tous ses autres portraits sont gris et portent un air commun. Je vois avec chagrin la décadence d'un si jeune académicien, qui avait paru promettre davantage. »

Bien qu'il ait, en cette même année, signé quatre fois au re-

1. D'après ces listes, devenues fort rares, comme tous les documents de même nature, on peut reconstituer la série des divers logements occupés à Paris par Perronneau; on le retrouve tour à tour : en 1753, rue Fromenteau; de 1756 à 1759, au bas de la rue des Fossés-Saint-Victor; en 1760, rue de la Madeleine, faubourg Saint-Honoré, dans la maison de M. de La Chapelle; en 1762, rue Notre-Dame-des-Victoires, la cinquième porte cochère à droite en entrant par la place; en 1764, rue de Cléry, vis-à-vis de la rue du Gros-Chenet; de 1765 à 1769, rue du Bouloir (*sic*), près l'hôtel de Hollande; en 1770, rue de la Jussienne, près la rue Soly, maison de M. Buret; en 1771, au petit Charonne, la dernière maison neuve à gauche; de 1772 à 1779, rue du Petit-Carreau, au coin de la rue du Bout-du-Monde; en 1780, au petit Charonne; en 1783, rue Saint-Victor, maison de M. Dufresnoy. L'abbé de Fontenay avait donc deux fois raison en observant que l'instabilité de Perronneau « fut une des singularités de sa vie ».

2. A l'année 1755 se rattachent deux autres portraits, dont l'un deux n'est connu aujourd'hui que par la gravure. Le Musée d'Orléans possède l'original de celui du jurisconsulte Daniel Jousse, superbe peinture à l'huile, qui a malheureusement souffert, reproduite par F. Lucas, d'après un dessin de Jacques de Favanne, en tête du *Traité de la sphère* (1755, in-12) du magistrat devenu mathématicien. Le second portrait est celui du docteur Pierre Poissonnier, daté de 1755, d'après l'estampe exécutée en 1774 par G.-P. Benoît, aux frais de Louis-François Rigaut, médecin et physicien de la marine. Il y a deux états de l'inscription placée au bas de la planche dont je possède une contre-épreuve peut-être unique.

gistre des procès-verbaux de l'Académie Royale, — et le fait vaut la peine d'être noté, parce qu'il ne se renouvellera plus, — Perronneau ne semble pas avoir assisté au règlement de la succession de son beau-père. François Aubert n'avait pas joui longtemps de son titre de peintre en émail du Roi : le 20 octobre 1755, il s'éteignait dans l'appartement qu'il était venu occuper depuis le mariage de sa fille aînée, rue du Four, paroisse Saint-Sulpice. Son testament, rédigé le 23 mars de l'année précédente, instituait pour exécuteur testamentaire François-Joseph Marteau, qui chargea le notaire Martel de procéder à la liquidation et au partage entre la veuve et les trois enfants (deux filles et un fils mineurs). Outre des meubles usuels sans grande valeur, Aubert laissait des métaux et bijoux dont la prisée fut faite par Hubert-Léon Cheval de Saint-Hubert, orfèvre, quai des Orfèvres, et Barnabé-Augustin Mailly, peintre en émail, quai des Morfondus, mais l'inventaire insinué au Châtelet (et pour ce motif retrouvé par M. Campardon et M. Guiffrey) ne fait pas mention des biens que le défunt possédait, paraît-il, en Champagne, comme on le verra bientôt, et dont la mise en valeur ne laissa pas que de causer de cuisants soucis à Perronneau.

Fut-ce pour subvenir à ces charges nouvelles, fut-ce pour s'assurer une clientèle éloignée de Paris par la lenteur, la cherté et la rareté des communications, que Perronneau a fait à cette époque son tour de France? Toujours est-il qu'en 1756 nous le trouvons à Bordeaux. De ce premier séjour dans une ville opulente entre toutes datent plusieurs de ses portraits et de ses meilleurs. L'un d'eux, longtemps conservé au château du Petit-Verdus, et acquis depuis par M. Groult, m'a été décrit en ces termes par M. Charles Marionneau, correspondant de l'Institut, dont j'aurai plus d'une fois à citer l'obligeant concours et le jugement éclairé :

« Parmi ces portraits, huit sont au pastel et probablement tous de Perronneau; quelques-uns ne sont pas signés; d'autres ne portent qu'une signature peu lisible au crayon, et l'un, le plus remarquable, selon moi, serait daté de 1756. Il représente un jeune homme de vingt-cinq à trente ans, à mi-corps, tête nue, cheveux poudrés; il est assis dans un fauteuil, accoudé sur le bras droit; la tête de face est légèrement inclinée vers la gauche à l'opposé du mouvement du corps; le costume se compose d'un habit et d'un petit gilet de soie rouge tendre, d'une cravate blanche, d'un jabot brodé, sur lequel se détachent des roses jaune thé, fixées à la boutonnière de l'habit légèrement entr'ouvert. Cet ensemble est d'un goût et d'un arrangement très gracieux, qu'augmente encore la physionomie intelligente et distinguée du personnage, unie au charme de l'exécution de cet admirable pastel [1]. »

Rappelé à Paris par des questions d'intérêt, Perronneau envoya au Salon de 1757 « plusieurs portraits sous le même numéro » et force m'est bien d'imiter le laconisme du livret, car je n'en sais pas davantage. D'autres portraits, commencés depuis longtemps, n'attendaient qu'un moment de loisir du modèle ou de l'artiste : tel était le cas de ceux de Cochin et de Robbé de Beauveset. Neveu de Desfriches et lié avec la plupart des amis de son oncle, Robbé entretint avec celui-ci, jusqu'à la fin de sa vie, une correspondance intime et fréquente, dont M. Georges d'Heylli a jadis extrait tout ce qui était relatif au procès et à l'exécution de Damiens, et emprunté à la même source de nombreux fragments pour l'intéressante notice biographique qui ouvre ce coquet volume [2]; mais il avait précisément négligé les passages suivants, qu'Eudoxe Marcille a pris depuis la peine de copier à mon intention et qui nous révèlent d'amusantes particularités sur les procédés de travail de Perronneau :

(1757) — Ah! mon cher oncle, que c'est un cruel métier d'être mannequin! Ce diable de Perronneau exigea, hier, de ma complaisance que j'endossasse la casaque de soye de mons. Cochin qui, pendant ce temps, était aux noces de Mlle Jombert, dont, par parenthèse, je n'ai pas été prié ; il exigea, dis-je, en outre, que je tinsse le bras gauche tendu, ayant un porte-crayon entre l'index et le pouce, et que je restasse dans cette gênante attitude, la journée entière, mon dîner néanmoins prélevé sur ce temps là. J'ai cru que le poids du levier que formait mon bras étendu emporterait ma clavicule. Jamais Spartiate n'a poussé si loin la patience. Je me suis tenu comme un terme dans cette gênante attitude, avec un beau serment cependant de refuser à jamais quiconque me proposerait de faire de ma carcasse un homme d'osier, et de me mannequiniser ainsi. Mon très cher, quand vous verrez le gracieux minois de Cochin, qui semble vous parler,

---

1. M. Laliment, au château de la Touratte, près de Bordeaux, possédait en 1890 le portrait au pastel d'un jeune homme appelé M. de Beauséjour, signé à droite en haut : « *Juillet 1756, par Perronneau* », et qui doit dater de la première tournée du peintre dans le Bordelais. Le Louvre a reçu récemment de M. Henri de Fonbrune et exposé dans la section des dessins un autre pastel, daté aussi de 1756, représentant M. Jean Couturier de Flottes, à l'âge de vingt-trois ans.

2. *Le Parlement, la Cour et la Ville pendant le procès de Robert-François Damiens* (1757). *Lettres du poète* ROBBÉ DE BEAUVESET *au dessinateur Desfriches, publiées pour la première fois, avec notice, notes et documents inédits, par* GEORGES D'HEYLLI. Paris, Librairie générale, 1875, in-12, tiré à 200 ex.

vous direz : c'est bien la voix de Jacob, mais ce sont les mains d'Esaü. Je vais chez mon peintre à dix heures, pour recevoir ma dernière façon d'habit, après quoi l'on enchâsse le nouveau saint, dont la translation dans votre muséum se fera après qu'il aura été exposé un mois à la vénération publique.....

(1758) — Nous partons sans faute, mon très cher, en chaise de poste, vendredi matin, pour arriver à dîner à Villegagnon, où nous ne resterons certainement que dix jours. Vous aurez de mes nouvelles aussitôt que j'y serai arrivé. Ma tête est d'un fini étonnant : pas le plus léger trait ne lui est échappé. La séance de samedi m'a cruellement fatigué. Perronneau m'a tenu sur les jambes une demi-journée entière, toujours dans la même attitude. Mon nez lui a fait souffrir les douleurs de l'enfantement. Il dit qu'il renoncerait au métier, s'il fallait qu'il accouchât tous les jours de pareil nez. Il y trouve autant de finesse que Marcel trouve de choses dans un menuet. Il ne lui reste que l'habillement à achever. L'habit de soye bleue qu'il me taille relève on ne peut mieux la figure. La tête sort de la toile et menace de l'épigramme quiconque la regarderait de travers. Je ne sais si vous n'entendez pas le style métaphorique : j'aurais dû pourtant vous y habituer. Je vous dis cela à propos de ce que vous ne me dites rien des frais qu'il faut nécessairement faire pour me mettre en état de paraître décemmen' au Salon. La glace et la bordure sont, je pense, une affaire de 30 ou 36 livres; il n'est pas naturel que Perronneau les tire de sa poche; j'en ferai les avances. J'emporterai là-bas le prologue de Boucher et, si la verve m'en dit, je le finirai en Brie. Je n'irai pas aujourd'hui chez Perronneau, parce que, comme amateur, j'ai une loge de retenue à la Grève, pour assister au spectacle que doit me donner un graveur de mes voisins, qui s'est avisé, il y a eu hier huit jours, d'assassiner de douze coups de poignard un huissier au Parlement[1].

(1759) — Je serais inconsolable si quelqu'un vous faisait la cour avant moi. M. Thibout[2], à qui j'ai lu votre lettre et qui vous attend comme Vernet fait les gens, je veux dire les bras ouverts, vous prie de vous prêter de bonne grâce à cet arrangement. Mon bon ange me fit dernièrement faire au Luxembourg la rencontre de Perronneau. J'étais avec M. Thibout. Je ne manquai pas à me plaindre bien haut du martyre qu'il me fait souffrir, en me tenant depuis sept ans sur le chevalet, sans me donner le coup de grâce. Il sentit ce que cela voulait dire, et sur le champ le jour fut pris pour reprendre et continuer ma figure. Cochin est mon camarade de Grève ; nous sommes sur le chevalet à côté l'un de l'autre. Trois vacations passées sur mon ébauche ne l'ont pas rendue reconnaissable. Je me vois sur la

---

1. Je ne sais ni à quel prologue, ni à quel crime Robbé faisait allusion.
2. M. Thibout est l'imprimeur Thiboust, qui avait demandé à Perronneau son portrait et celui de sa femme, exposés au Salon de 1750, et aujourd'hui inconnus.

toile comme dans un miroir. Il a voulu que je lui récitasse des vers pendant sa composition, et je le voyais saisir avidement et transporter rapidement sur la toile tout le feu qui sortait de ma déclamation. Son intention est de

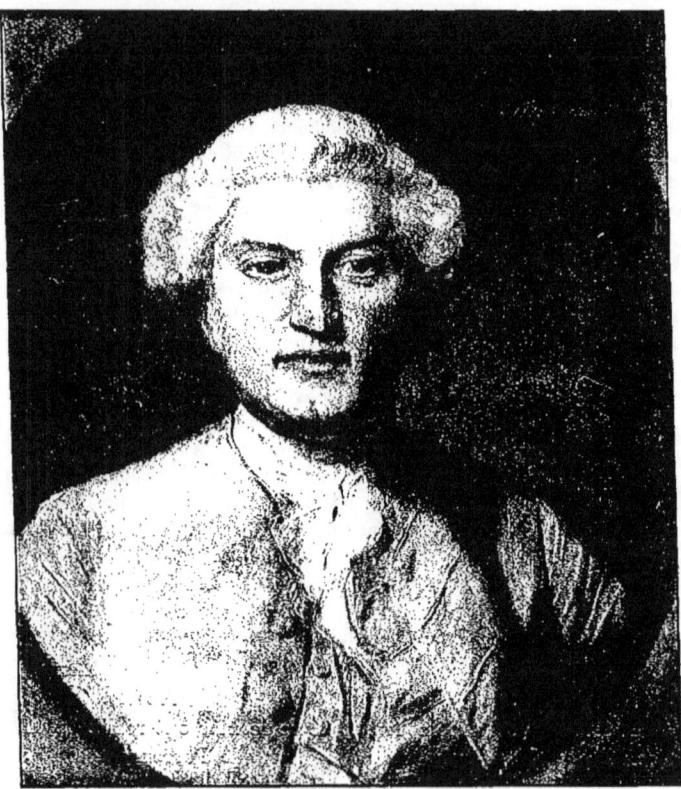

BOUDÉ DE BEAUVESET, PAR PERRONNEAU.
(Musée d'Orléans.)

me pendre au Salon en regard avec mons Cochin, et il compte que nous ferons deux pendus d'assez bonne mine. Vous y verrez aussi Vernet, qu'il a rendu avec toute l'âme qu'y aurait mis La Tour, et quelques autres que vous ne connaissez pas et qui sont très bons à voir. Le fâcheux de l'aventure est que ce n'est pas pour moi que monsieur travaille, et que c'est à vous que ce portrait est destiné, de façon que je n'aurai même pas le plaisir de vous en faire le cadeau.

Écoutez, monsieur mon oncle, quand je me donne, je me donne *in puris naturalibus*, c'est à vous de faire les frais de ma friperie, si vous ne voulez voir votre neveu en des postures d'indécence qui vous feraient honte.

Je suis enchanté que M. Le Noir [1] ait réussi à peindre aussi parfaitement ma germaine aînée [2]. Est-ce que nous ne verrons pas aussi le malin petit chat [3], guettant sa proie sur la toile? Il ne manque que cela pour compléter la famille.

Le portrait de Robbé a été donné au Musée d'Orléans par M. Gatineau. Quant à ceux de Cochin et de Joseph Vernet, la trace en est actuellement perdue, aussi bien que celle des quatre « têtes » sous le même numéro, inscrites en même temps au livret de 1759. Le portrait de Laurent Cars, exécuté vers la même époque, est passé de la galerie de l'Académie, où la rarissime *Description* de Dargenville signale sa présence en 1781, au Musée du Louvre; il y tient aujourd'hui le premier rang parmi les chefs-d'œuvre du pastel français.

On a vu, par les fragments de Robbé, que Perronneau gardait pendant des années entières des portraits inachevés, et c'est à ces retards même qu'il faut demander l'éclaircissement de contradictions en apparence inexplicables : ainsi, les *Livres de raison* de Joseph Vernet font foi qu'il fut absent de Paris de 1753 à 1759, pour exécuter sur place cette série des ports de France, demeurée son meilleur titre de gloire, et bien que le nom de Perronneau ne figure ni dans ses carnets, ni sur le livre d'adresses reproduit par Léon Lagrange, il est probable que le portrait exposé en 1759 fut ébauché quelques années auparavant, sans doute à Bordeaux même, où Joseph Vernet vint résider au commencement de 1757.

Si les habitudes méthodiques de ce dernier ont rendu la tâche de son biographe attrayante et facile, celui de Perronneau n'a point à compter sur de pareilles ressources, et c'est à grand'peine que, dans cette existence vagabonde, la chronologie reprend de temps à autres ses droits trop souvent méconnus. De son séjour à Lyon, en

---

1. Simon-Bernard Le Noir, autre méconnu de talent, sur qui l'on peut consulter une courte, mais intéressante notice de A.-H. Taillandier, dans la *Revue Universelle des Arts*, tome XIII, pp. 21-22, ainsi que les catalogues des musées d'Orléans et de Besançon.
2. Mme Desfriches.
3. Mlle Desfriches, plus tard Mme Cadet de Limay.

1759, nous avons cependant plusieurs preuves irréfragables : d'abord une lettre de compliments à ses collègues, indiquée, mais non transcrite au procès-verbal du 14 janvier (éd. Montaiglon, VII, p. 89), puis la mention inscrite par Jacques-Charles Dutillieu[1] sur son memento intime de l'exécution de son portrait et de celui de sa femme, Benoîte Sacquin, longtemps conservés par leurs descendants, qui ont dû plus tard s'en défaire, et réunis ici une dernière fois. Perronneau avait gardé de l'accueil du ménage un souvenir particulièrement reconnaissant, comme en témoigne la lettre inédite suivante, qui renferme aussi plus d'une énigme probablement à jamais insoluble[2].

Monsieur,

Il i a lontemps que j'aurois eu l'honneur de vous écrire si je n'avois eu envie de voire monsieur Bachelier, qui est introuvable, estant à la Cour ou à Sèvres : je l'ay vu et lui ay fait vos compliments, et aussi sur plusieurs de ses ouvrages dont il fait une lotterie ; c'est très beau. Il nous a donné un grand tableau d'une Résurrection[3], peint d'une manière trouvée par M. le c. de Queylus, qui est de peindre à fraisque et, quand cela est fini, de passer de l'huile par derrière. Je ne croi pas cette façon bonne.

Je ne vous ay point écrit aussi parcequ'étant arrivé à Paris, j'ay trouvé les affaires de famille pour des partages et arrérages de terre si embrouillé que j'ay esté obligé d'aller en Champagne où tout est terminé et arangé. J'y ai trouvé de la mauvaise foix, du moins de la négligence pour des orfelins, des maisons point loué depuis quatre ans, des réparations exorbitante, enfin le revenu depuis la mort de mon beau-père sans fruit. Quant

---

1. Voir le *Livre de raison de Jacques-Charles Dutillieu*, publié et annoté par F. Brognot du Lut. Lyon, impr. Mougin-Rusand, 1886, gr. in-8°, orné des portraits de M. et Mme Dutillieu et sur le contenu de cette très intéressante publication, le compte rendu qu'en a donné la *Revue de l'Art français*, 1887, pp. 63-64.

2. Cette lettre, dont l'autographe m'appartient, et celles qu'a publiées jadis M. Jules Dumesnil (voir plus loin), sont, à ma connaissance, les seules lettres de Perronneau qui nous soient parvenues ; il n'en a passé aucune dans le commerce, car j'ai tout lieu de croire qu'une lettre signée de ce nom, adressée à M. de La Tour, secrétaire du Roi (vente Parison, 1856, n° 166), émanait d'un des homonymes du peintre, substitut du procureur général au Parlement, tout comme une autre lettre du même personnage, retrouvée dans les papiers du prince Xavier de Saxe et conservée aux archives départementales de l'Aube. J'ai respecté dans cette transcription l'orthographe qui est déplorable, mais j'ai rétabli la ponctuation presque partout absente ou défectueuse.

3. La *Résurrection de Jésus-Christ*, peinte à l'encaustique, a figuré au Salon de 1759 avant d'être placée à Saint-Sulpice.

à Paris, il n'i a point d'argent, beaucoup de manquement de parolle de gens qui ne paient qu'en parti. Enfin j'ay haté mon voyage d'Italie affin de terminé mes affaires et aussi de me montré au sallon ; mais je le continuerai peut-estre cet hivert ; je verrai Milan, Gennes, etc. C'est Mgr le prince Charles qui me décidera : il est fâché que depuis quatre ans son grand portraict ne soit pas fini [1].

Je ne puis assé vous remercier à tout égard des bontés dont vous m'avez honoré à Lion ; j'en sens tout le prix. C'est aussi par le sincère attachement que j'ay pour vous, monsieur, que j'ay été mortifié de ce que vous prite dans un sens moins avantageux la lettre que j'eu l'honneur de vous écrire de Turin [2], mon intention n'ayant esté que de vous donner le témoignage de ma bonne volonté à vous servire ; je vous doit exactement tout ce que j'ay fait à Lyon ; je vous en proteste ma sincère reconnaissance. Vous auray une teste de moy que je vous priray d'accepter ; je ne puis vous dire quand ; ce ne sera pas pour macquitter, mais comme un tribu de tout ce que je vous doit. Assuré madame de mes obéissanses ; je lui soitte une bonne santé. Ditte bien des choses pour moy à monsieur Hémard [3] ; je ne puis assé le remercier des marques d'amitiés qu'il m'a témoigné ; j'assure aussi de mes respects madame Hémard.

J'ay l'honneur d'estre, monsieur, avec bien de la reconnaissance,
Votre tres humble et tres obéissant serviteur,

PERRONNEAU.

A Paris, ce 1er s^{bre} 1759.
Mon adresse est à l'Empereure Tibere, quay de la Mégisserie.
Bien des compliments, s'il vous plaist, à M. Douet [4] que j'estime à tout égard.

L'excursion de Perronneau en Italie (où très probablement il ne dépassa pas Turin) dut être fort courte, puisqu'elle eut lieu entre janvier et septembre 1759, et il ne semble pas qu'il ait donné suite à sa velléité de la recommencer. En revanche, il fit en Hollande un premier séjour de deux ou trois ans et ne reparut qu'au

---

1. Comment le grand portrait du prince Charles, exposé au Salon de 1755, n'était-il pas terminé en 1759 ? Peut-être s'agissait-il d'une répétition.
2. Cette lettre, qui eut fourni sans doute de précieuses indications, ne s'est pas retrouvée dans les papiers de Dutillieu.
3. Gabriel Eymard, bourgeois de Lyon, beau-frère de M. et Mme Dutillieu par sa femme, née Madeleine Sacquin. M. F. Breghot du Lut possède les portraits des deux époux, signés *Perronaud* (sic) 1759. Un long abandon dans un grenier leur a été par malheur fort préjudiciable.
4. Douais, dessinateur des fabriques de Lyon et très habile artiste.

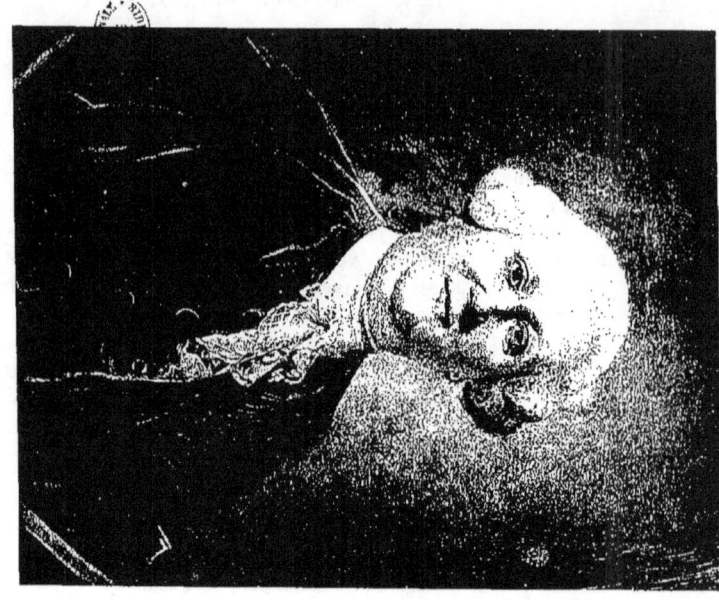

JACQUES-CHARLES DUTILLEU

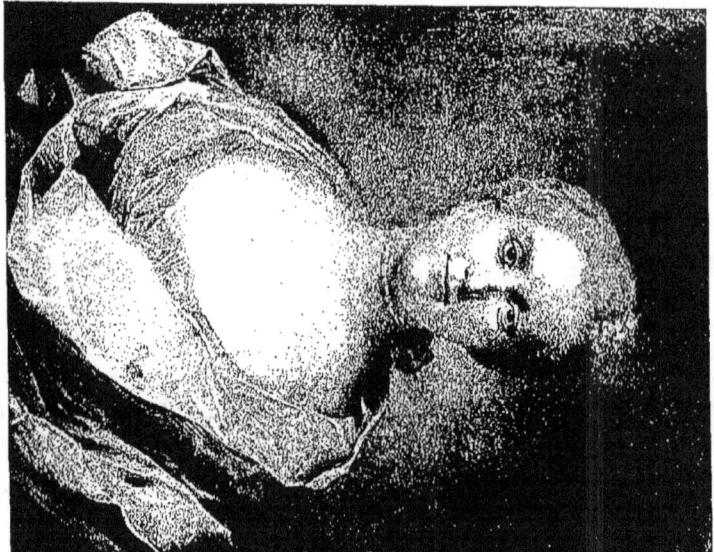

BENOITE SACQUIN

(Collections de MM. Jacques Doucet et Léon-Michel Lévy.)

Salon de 1763, avec les portraits de *M. Asselaer*, de *M. Hauguer*, de *M. Guelwin* et de *M. Tolling ;* mais il n'avait pas rapporté en France ceux de Gérard Meermann, aujourd'hui conservé au Museum Weestreeno-Meermianum de la Haye et gravé par Daullé pour être placé en tête des *Origines typographicæ* (Leyde, 1763, 2 vol. in-4°) du modèle ; de Théophile de Cazenove[1] ; de M. et Mme van der Waëyen et de leur gendre, Antoni Warin[2], ainsi sans aucun doute, que beaucoup d'autres, dont la trace est actuellement perdue[3].

Les pastels ou peintures, que Perronneau avait rapportés ou plutôt terminés à Paris durent également faire retour à leurs légitimes possesseurs et n'ont pas reparu depuis ; aussi ne sera-t-il pas inutile de consigner ici les renseignements qui permettront de les dépister.

Il suffit d'avoir consulté l'un des livrets des Salons du xviiie siècle ou n'importe quel autre répertoire de la même époque, pour être édifié sur le sans-gêne avec lequel les contemporains orthographiaient les noms propres, fussent les leurs, à plus forte raison ceux d'origine étrangère, et les clients de Perronneau n'avaient point échappé à la commune règle ; je puis, du moins, grâce en partie à M. Henry Havard, donner sur l'état civil de chacun d'eux des éclaircissements dont les lecteurs néerlandais que je serais heureux d'avoir sont instamment priés de tenir compte.

A propos d'une lettre de La Tour à M. de Marigny, datée d'Amsterdam, 21 juillet 1766, et publiée dans la *Gazette des Beaux-Arts* en 1885 par M. J. Guiffrey, j'ai eu l'occasion de dire que le « M. Nogguère », l'hôte du peintre, était le même que le *M. Hauguer* du livret de 1763 et de mettre au jour un projet de testament, par lequel La Tour lui léguait son célèbre portrait de l'abbé Hubert. Petit-fils d'un ban-

---

1. Le portrait de Théophile de Cazenove appartient actuellement à l'une de ses descendantes, Mme Georges Dambmann, à Lyon. Il en existe une copie moderne à l'huile, qui a été envoyée au conseil de ville de Cazanovia (État de New-York).

2. Les portraits de la famille van der Waëyen m'ont été gracieusement signalés par M. de Weede, conseiller de la légation des Pays-Bas à Paris. Ils sont datés de mars 1763 et représentent deux vieillards, l'un de soixante-dix-huit et l'autre de soixante-quinze ans. Leur gendre (descendant d'un religionnaire chassé de France par les dragonnades), avait alors cinquante et un ans.

3. A cette série, on peut toutefois rattacher un beau pastel, récemment acquis par M. Paul Sohège, à Paris, et représentant, d'après une note ancienne collée au revers du cadre, *don Pablo Antonio de Barrenechea y Novia, marques de Puente-Fuerte*. Ce personnage avait été nommé, en 1761, ministre d'Espagne près des États-Généraux des Provinces-Unies et il est fort probable que son portrait (signé, mais non daté) est contemporain du premier séjour de Perronneau en Hollande.

quier hollandais résidant à Paris et qui joua, sous la Régence, un certain rôle dans le monde de la finance et de la galanterie, Daniel Hogguer, né à Paris le 26 octobre 1722, mort à Hambourg le 29 mars 1793, deux fois échevin d'Amsterdam, en 1748 et en 1757, avait obtenu, le 12 septembre 1773, la substitution en sa faveur du titre de baron que la Suède avait accordé à son grand-père pour récompenser ses services diplomatiques. La collection de tableaux et objets d'art qu'il avait laissée à son fils, Paul-Ivan, fut, après la mort de celui-ci, dispersée en 1817, mais le portrait peint par Perronneau ne figure pas au catalogue.

La famille Hasselaer a fourni plusieurs membres à l'échevinage d'Amsterdam, et je serais fort en peine de décider si notre peintre eut affaire à Gérard-Arnold Hasselaer, qui fut plénipotentiaire des Pays-Bas au congrès d'Aix-la-Chapelle (1748), mort en 1766 à soixante-huit ans, ou à l'un de ses deux parents Cornelius et Peter Hasselaer ; le premier, échevin en 1749 et le second, membre du collège échevinal d'Amsterdam en 1767, année de sa mort. Joseph Vernet avait bien enregistré la commande de deux marines et quatre vues de Rome ou de ses environs, livrables en novembre 1752, moyennant quatre-vingts écus pièce, à « M. Haslard, gentilhomme hollandois », mais cela ne nous aide guère à déterminer l'identité de ce galant homme.

Plusieurs membres de la famille Geelwinck avaient été également investis de fonctions municipales, entre autres Nicolas Geelwinck, quatre fois échevin, de 1735 à 1745, et bourgmestre en 1747, et ses deux fils, Jean et Nicolas, appelés aux mêmes honneurs, l'un en 1765, l'autre en 1764 et 1766. Enfin, M. Havard me signale un Ægidius-Willem Tolling, institué commissaire en 1751 et dont le nom rappelle celui d'un des amis et modèles de Rembrandt.

La Hollande n'avait pas fourni seule à Perronneau le contingent de son envoi : on voyait encore au Louvre les portraits de *M. et Mme Trudaine de Montigny* (en ovale); de *Mme de Tourolle* (sans doute l'une des signataires du contrat de mariage du peintre), et celui qu'il serait le plus désirable de retrouver, *Mme Perronneau faisant des nœuds*; plus, si l'on en croit Mathon de la Cour, un pastel (non porté au catalogue), représentant un jeune enfant, auquel il trouvait, ainsi qu'au portrait de M. Hogguer, « beaucoup de caractère ».

Entre cette première absence et celles qui allaient suivre et se multiplier, il y eut une accalmie dans la vie errante de Perronneau. On le vit par deux fois signer au registre de l'Académie (3 septembre 1763 et 31 décembre 1764); on le vit même (et ceci est plus important), acheter, le 29 décembre 1765, au prix de 16,000 livres, une maison, sise à la barrière de Montreuil et attenant aux terres de l'abbaye Saint-Antoine, mais ce n'était encore qu'une résidence d'été, car sa femme mit au monde, le 10 novembre 1766, un fils qui fut baptisé à Saint-Eustache et reçut les prénoms de Alexandre-Joseph-Urbain.

Aux Salons de 1765 et de 1767, Perronneau ne s'était pas laissé oublier. Au premier figuraient quatre portraits à l'huile, *M. Maujé*, *M*^{lle} *Perronneau*, *M. Denis* (tableau ovale), une *Tête* (portrait) également ovale et trois pastels, *M*^{lle} *de Bossy*, *M*^{lle} *Pinchinat en Diane* (tableau ovale) et *M*^{me} *Miron*. M. Maujé était-il ce procureur au présidial de Rennes qui, — passe-temps assez inattendu de la part d'un magistrat, — avait cherché et, croyait-il, trouvé ce secret de fixer le pastel, dont la recherche fut, au siècle dernier, ce que le pourchas de la pierre philosophale avait été au moyen âge? C'est possible. Quant à Mlle Perronneau, son état civil n'est pas moins obscur; il faut renoncer à voir en elle, comme le supposait M. Reiset, la fille de l'artiste, mais plus vraisemblablement une sœur, trop jeune en 1754 pour signer à son contrat, tout comme « le jeune écolier, frère de l'auteur », du Salon de 1746. Les explorations récentes de M. le marquis de Granges de Surgères dans les comptes des États de Bretagne[1], lui ont permis de discerner un architecte entrepreneur des bâtiments du Roi à Compiègne de toute une dynastie d'ingénieurs fontainiers du Roi à Versailles, portant les uns et les autres le nom de Denis, et je n'aurais point songé à ce rapprochement, tout à fait hypothétique, si je ne savais que Perronneau recrutait volontiers sa clientèle parmi ses camarades ou ses congénères. Si les destins de Mlle de Bossy sont pour nous lettre close, les noms de Mlle Pinchinat et de Mme Miron nous ramènent à des réalités plus tangibles, car elles appartenaient toutes deux à ce petit groupe d'amis orléanais, vers qui la pensée de Perronneau retournait volontiers, durant ses pérégrinations lointaines, et où Thomas-Aignan Desfriches, l'hôte, l'émule et l'ami de Cochin, de Vernet, de Wille, de Watelet, etc., tenait, comme de juste, le premier rang.

C'est à Orléans que furent peints, en 1765, les portraits de Robert

---

1. *Artistes Français des* xviie *et* xviiie *siècles* (1681-1787). *Extraits des comptes des États de Bretagne, réunis et annotés* par le marquis DE GRANGES DE SURGÈRES. Paris, Charavay frères, 1893, in-8° (publication de la Société de l'Histoire de l'Art français).

Soyer[1], l'architecte du pont de la Loire ; de Mlle Desfriches, mariée peu après à l'ingénieur Cadet de Limay, alors adjoint aux travaux de Soyer et plus tard inspecteur des turcies et levées, avant de succéder à Perronnet dans la direction de l'École des Ponts et Chaussées ; en 1766, ceux de Mme Fuet, légué au musée de la ville, par M. Souque, et de Lenormant du Coudray, beau-frère de Desfriches, exposé seulement au Salon de 1769, en même temps que celui de sa nièce.

Si le livret du Salon de 1767 n'inscrivait pas au nom de Perronneau « plusieurs têtes au pastel, sous le même numéro », et parmi lesquelles, sans doute, la charmante figure de l'*Aurore*, reproduite ici pour la première fois, nous serions autorisés à croire qu'il n'y avait pris aucune part, car il n'y a pas, cette fois, à compter sur les précieuses indiscrétions de Mariette ou de quelque autre en marge d'un exemplaire du livret, encore moins, et pour cause, sur celles de la critique ; la raison de ce silence est trop singulière pour qu'on ne me permette pas de la rappeler, d'après l'aveu même de l'instigateur de cette mesure. En rédigeant l'inventaire de la collection de documents sur les arts, commencée par Mariette, continuée par Cochin et poursuivie par Deloynes jusqu'aux premières années de ce siècle, M. Georges Duplessis avait relevé les deux notes suivantes, inscrites l'une au-dessous de l'autre, sur le feuillet de garde de l'*Explication* du Salon de 1767.

Cette exposition, dit Mariette, n'a produit aucune critique ; ceux qui s'y étoient jusqu'à présent exercés se sont lassés de dire des sottises et très sagement ils ont pris le parti de garder le silence.

Et Cochin de répliquer aussitôt :

M. Mariette n'a point sçu la cause du silence des critiques en cette année. J'étois assez bien voulu de M. de Sartines ; je lui représentai que nous mettions nos noms à nos tableaux et que nous étions insultés par des gens qui ne se nommoient pas, et que, sous ce couvert, ils nous disoient souvent des injures assez grossières, que si l'on exigeoit d'eux qu'ils se nommassent, sans empêcher qu'ils ne disent leur avis, cela du moins pourroit les rendre plus circonspects et plus honnêtes. M. de Sartines goûtast mes raisons et exigea qu'ils missent leurs noms à leurs brochures ; pas un ne le voulut et ils ne firent pas imprimer leurs écrits.

---

1. Voir la *Notice sur Robert Soyer, ingénieur des ponts et chaussées*, par M. EUDOXE MARCILLE. Orléans, H. Herluison, 1884, in-8°, portrait gravé à l'eau-forte par Teyssonnières. Ce portrait à l'huile, retrouvé par M. Marcille aux environs d'Orléans, fut acquis par lui pour le musée, au prix de 100 francs.

Mathon de la Cour y fut le premier pris; il vouloit bien mettre de la Cour, mais on exigea son nom en entier et il ne le voulut pas. Mais M. Pierre, qui sçut cet obstacle que j'avois apporté, s'avisa de m'en faire une querelle,

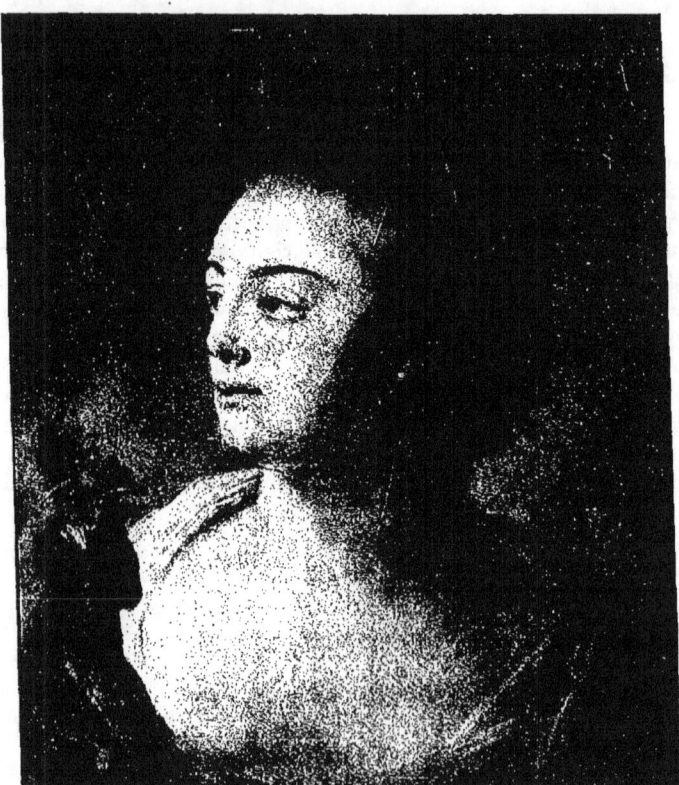

L'AURORE, PAR PERRONNEAU.
(Musée d'Orléans.)

prétendant que c'étoit paroistre avoir peur, qu'il falloit narguer les critiques; je fus si piqué de cette tracasserie que, l'année suivante, je ne continuai point ma demande et les critiques reprirent de plus belle.

Seules, les feuilles munies de privilèges en règle et les correspondances manuscrites échappèrent à cet ostracisme, mais il n'y a rien à tirer, pour notre sujet, des comptes rendus du *Mercure* et de l'*Année littéraire*, non plus que des *Mémoires secrets*, où Perronneau est seulement nommé en compagnie de Drouais fils et de Roslin. Le rédacteur (très probablement Pidansat de Mairobert) cite de ce dernier les portraits de M*me* *la marquise de...* (*Marigny*) « avec un déshabillé du matin » et de *Marmontel* (non porté au livret). Diderot fait pis : après avoir assez longuement décrit le premier, sous le nom de Perronneau, et ajouté que le second « pourrait être » de lui, il les restitue en terminant, à leur véritable auteur. Cette « niche », comme l'appelle M. Reiset, serait inexcusable, si l'on ne savait que lorsqu'elle fut connue du public (1798), son auteur n'était plus là pour en rougir, ni sa victime pour s'en plaindre.

III

D'Orléans, Perronneau s'était rendu à Bordeaux : ses envois sont là pour l'attester, et aussi ces lignes, retrouvées par M. Marionneau dans les *Affiches, Annonces et Avis divers* de la même ville (1767, p. 58) : « Il a été perdu le 25 mars, entre la Bourse et le Château-Trompette, un étui de chagrin verd contenant un compas, un porte-crayon et une équerre d'argent et où il y a écrit : par Butterfield. On prie ceux qui l'auront trouvé de le faire tenir à M. Perronneau, peintre du roi, place du Marché-Royal, chez M. Lagarde, rue du Parlement, vis-à-vis la rue des Lauriers ; il remettra douze livres à celui qui le rapportera. » Le fait en lui-même est mince, mais il a le double mérite de fixer exactement la date du second séjour de l'artiste à Bordeaux et de nous fournir une indication sur ses procédés matériels de travail. Que n'avons-nous de même le détail de l'emploi de son temps ! Grâce encore à M. Marionneau, je puis du moins signaler ou décrire quelques-uns des portraits dont la trace n'est pas, soit provisoirement, soit à jamais perdue. Dans cette série, la place d'honneur appartient au portrait à l'huile de Bonaventure Journu, que M. Marionneau vit, il y a quelques années, au château du Petit-Verdus, et qui le représente à mi-corps, « les cheveux blond châtain sous la poudre, de trois quarts à droite, un mouchoir à carreaux rouges et jaunes noué négligemment autour du cou ; il est assis dans un fauteuil rouge, vêtu d'une robe de chambre bleue, les jambes croisées ; de la main gauche, appuyée sur les genoux, il retient les plis de sa robe de chambre et, de la main droite, il montre les objets de son cabinet, qu'on aperçoit derrière une draperie verte à demi relevée. Cette toile, de 1^m,5 de haut sur 85 centimètres de large, d'une excellente facture, mais sous crasse et jaunie par plusieurs couches de vernis, est signée à l'angle supérieur droit : « *Perronneau, 1767.* » Le vieil hôtel de la famille Legrix de La Salle, rue des Facultés, conserve encore les portraits à l'huile de Mme Journu et de l'un de ses vingt-deux enfants, chanoine au chapitre de Saint-Dié. Mme Journu est peinte en buste, assise dans un fauteuil dont on ne voit que le haut du dossier, la tête de face, coiffée d'un bonnet de linge recouvert d'une fanchon de soie noire, le cou garni d'un collier de perles blanches et un peu découvert par l'échancrure de la robe, que cache en partie une douillette ou pelisse noire. Le visage aux yeux gris, à la bouche cave, à la carnation à la fois pâle et rosée, aux chairs plissées, s'enlève harmonieusement sur un fond verdâtre, et l'ensemble est digne de Chardin.

Guidé par M. Marionneau, j'ai pu voir aussi à Bordeaux, il y a quelques années, chez M. le docteur Azam, les portraits de M. et Mme Rateau (datés de 1769), ceux d'une jeune fille et d'une petite fille (signés, mais non datés), et chez M. le marquis de Pelleport-Burète, une autre jeune femme en robe gorge-de-pigeon, ainsi qu'un charmant petit garçon costumé en hussard.

Au portrait de Mme Journu, la mère (signé et daté de 1769), Perronneau avait joint, pour sa contribution au Salon de la même année, ceux de *M. Darcy* et de *Mlle Gaugy*, dont on a jusqu'à présent perdu toute trace, et aussi ceux de *Le Normant du Coudray* et de *Mlle Desfriches*. Bien que le livret ne mentionne pas ce dernier, sa présence ne saurait être mise en doute : l'artiste y fait allusion dans une lettre qu'on va lire; Chardin se charge, dans un autre billet (inédit, collection Ratouis), d'en assurer la réexpédition, et Gabriel de Saint-Aubin jette en marge de son croquis le nom du modèle, et cette mention inexpliquée : « la joue brûlée ».

Je ne sais si la leçon infligée par Sartine aux folliculaires tant redoutés par Cochin leur avait beaucoup profité, mais les seules sévérités dont Perronneau fut l'objet demeurèrent alors non avenues pour lui-même, comme pour le public : si l'auteur inconnu de la *Lettre sur l'exposition des ouvrages de peinture et de sculpture* (Rome et Paris, 1769, in-42), déplore « le ton local trop roux » de ses pastels, en revanche M. Desboulmiers (*Mercure de France* d'octobre) apercevait « avec émotion, dans le portrait de Mlle Gaugy, toutes les grâces d'une nature naissante, » et *l'Avant-Coureur*, en comparant Perronneau à La Tour, ajoute : « Le peintre ne se contente pas de rendre la physionomie des personnes, mais leur caractère différent, et, pour nous servir d'une expression familière aux Anglais, leur *humeur*, » flatteur encouragement auquel le continuateur de Bachaumont, ou, plus exactement, le premier rédacteur des *Mémoires secrets*, Pidansat de Mairobert, vient apporter le correctif le plus désobligeant. Le nombre toujours croissant des portraits l'offusque, et les noms même des modèles inscrits au livret allument sa bile : « Que nous importe, dit-il, de connaître M*me* *Guesnon de Ponneuil*, M*me* *Journu la mère*, *M. Darcy*, *M. Le Normant de Coudray*, M*lle* *Gougy* (sic), *M. Couturier*, ancien notaire, M*me* *Couturier*, *M. l'abbé Jourdan*[1], etc.? Les noms ne flattent pas plus les oreilles que les figures ne plaisent aux yeux. » Seul, La Tour trouve grâce devant lui, au détriment de Perronneau, dont il déclare les pastels « crus, durs et rembrunis », et dont les portraits à l'huile ont aussi « un caractère de rudesse qui doit l'exclure à jamais de peindre les Grâces, mais le rend très propre à tracer les rides de la vieillesse, la peau tannée d'une paysanne ou la morgue d'un Turcaret ».

CROQUIS DE GABRIEL DE SAINT-AUBIN.
Sur un exemplaire du livret du Salon de 1769 (Cabinet des Estampes).

Quant à Diderot, dont les sévérités n'étaient connues que de la

---

1. Perronneau n'était pas seul à essuyer la mauvaise humeur du critique : c'est Roslin qui avait peint M*me* Guesnon de Ponneuil « en habit d'Africaine », et Duplessis les portraits de M. et M*me* Couturier, ainsi que celui de l'abbé Jourdan, chanoine de Saint-Louis du Louvre.

clientèle royale et princière de Grimm, son verdict n'est pas moins injuste que celui des années précédentes; il range dédaigneusement Perronneau « parmi les pauvres diables qui ne valent pas ensemble une ligne d'écriture », et déclare que, s'il a « semblé autrefois vouloir être quelque chose, il a bien changé d'avis, comme il paraît, par trois ou quatre pastels faibles de couleur, fades et sans effet ».

Perronneau n'avait même pas attendu la fin du Salon pour reprendre ses pérégrinations. Écoutons-le plutôt conter à Desfriches[1] ses ennuis et ses déboires.

MONSIEUR ET CHER AMY,

J'ai esté pour avoir l'honneur de vous voire plusieurs fois à l'hotelle de Bourgogne[2]; l'on ma dit que lon ne vous avait pas veü; Mlle Bénier m'enseigna où vous logiez; ji fut et vous estiez parti. Madame est bien bonne d'avoir eu égard aux instances que je luy ai fait au sujet du portrait de mademoiselle, et vous, monsieur, de lavoir apporté; il a esté encore mieux placé que les premiers jours. M. Chardin m'a dit qu'il vous le renvoirait. Je vous fait bien mes remerciements à ce sujet. J'ai esté bien mortifiez de ne vous avoir point embrassé à Paris, ou je suis arrivé très bien portant, malgré les fatigues d'un assé lon voiage; mais comme Mme Perronneau croiait que jallais en Espagne, elle avait quitté le logement de Paris, et a esté demeuré au Petit-Charonne. Cela ma beaucoup fatigué de venir à Paris souvent à pied, ne trouvant pas toujours des fiacres aux barrières du faubourg Saint-Antoine; enfin, je suis tombé mallade d'une inflamation dans la gorge, dans les temps que vous estiez à Paris. Je n'ay pu voire M. de Fourqueux[3] qui me veut du bien, qui est à sa terre; j'ay profité de l'autonne pour venir chez M. Théopille Vanrobesse, à Abbeville, faire le portrait de leur (*sic*) perre. Je ne sait si je ne dois pas continuer à voiagé encore quelque année, je pense que cela me seroit plus surement

---

1. Cette lettre et les trois suivantes ont été publiées pour la première fois par M. Jules Dumesnil, au tome II de son *Histoire des plus célèbres amateurs français* (1858), mais M. Reiset ne paraît pas en avoir eu connaissance, car il n'en parle pas et semble n'en avoir rien tiré. Les copies remises à M. Dumesnil étaient fort défectueuses. Le texte que je donne avait été scrupuleusement revisé sur les originaux par M. Eudoxe Marcille.

2. Le *Journal* de Wille qui mentionne divers séjours de Desfriches à Paris, n'indique pas celui-ci; l'un des plus longs qu'il y fit, lors du mariage du Dauphin et de l'archiduchesse d'Autriche, se prolongea de mai à septembre 1770.

3. Michel Bouvart de Fourqueux, conseiller d'État et plus tard successeur de Calonne au Contrôle général, marié en 1740 à Marie-Louise Auget de Montyon, dont il eut deux filles, qui épousèrent l'une (en 1761) Jean-Charles-Philibert Trudaine de Montigny, intendant des finances, et l'autre (en 1769) Étienne Maynon d'Invault, contrôleur général l'année précédente, et remplacé par l'abbé Terray.

fructueux que de minstalé avec un logement cher à Paris, ou je serois seul, car le bacanal d'enfants me distroiroit. Quoique M. de Fourqueux insiste pour que je soient stable à Paris, moy ji trouveroi bien du temp à perdre et de la misère. Je vairay d'autres villes et repasseray par Orléans, où a mon passage j'aurais l'avantage de voire votre maison et monsieur Du Coudray et je peinderais l'époux de Mme Penchina (je ne sais pas son nom). De là j'irais à Lion, ayant des connaissances pour cette ville, qui est aussi bonne que Bordeaux, mais il faut bien en fillé[1]. J'assure madame et mademoiselle de mes respectueuses obeissenses, nos amis messieurs Du Coudrait, Lambert, De Cambray, Champremaux ; mes respects aussi à monsieur et madame Penchina. Donné moy de vos nouvelles chez monsieur Theophille Vanrobesse, à Abbeville. Je suis, monsieur et cher amy, avec une reconnaissance pour la vie,

Votre très humble et très reconnaissant serviteur.

PERRONNEAU.

A Abbeville, ce 2 janvier 1790 (*sic*)[2].
Le grand Baudouin, gendre de M. Boucher, est mort.
Je prie monsieur Soyer d'agréer mes très humbles sivilités.

Perronneau changea probablement d'avis sur la direction qu'il allait prendre, car nous le retrouvons, deux ans et demi plus tard, au débotté d'un nouveau voyage en Hollande, durant lequel il n'avait point donné de ses nouvelles, ni reçu avis de celles qui intéressaient ses amis.

MONSIEUR ET CHER AMY,

Puisque vous voulé que je vous avertisse de mon départ de Paris, ce cera samedy et seray à Orléans le jours de la Pentecotte par le carosse, n'ayant pu avoir place dans la berline, mi estant prié trop tar pour iavoire des places. J'ay esté fort enrumé depuis que j'ay eû l'honneur de vous écrire, ce qui a causé mon retart, car comme mon intention est encore de voiagé, je n'ay veû personne à Paris que monsieur de Fourqueux. Les pertes que nous avons fait sur quelque papier publique nous ont mie à l'étroit, sans cela je me serais fixé à Paris, car depuis que j'ai quitté Orléans, j'ay gagné 20,100 francs tout fraix fait quand à mes dépences, et moienant ce que je viend de vous dire, je me trouve pie que quand vous m'avez veû ; bien heureux encore que Mme Perronneau ait une maison au Petit-Charonne, quoique c'est une folie, puisque cela revient à 27,000 fr. et rapporte très peu de chose en susse des dépences journalière pour l'en-

1. Sans doute se soumettre.
2. L'autographe porte, très nettement tracé, ce singulier *lapsus*. Baudouin était mort le 15 décembre 1769, à quarante-six ans.

tretien, les légumes et autres ; mais elle i est logé et l'aire i est excellent ; cela a toujour une valleur réelle; enfin cela se venderait plus de 20.000 fr. mais sa santé faible (car je crains qu'elle ne soit un peu attaquée de la poitrine), m'a fait pretée à cette dépense, qu'elle nu pas faite si on ut put prévoir de si fâcheuses circonstances. Je n'ay qu'un petit garçon de cinq ans edemie qu'elle a nourie, qui est charmant (que je viens de peindre) et cela n'a pas peu contribuer à altéré son température : elle est toujours triste. Il faut donc que je tâche a gagné quelque chose et à présent qu'il ni aura pas de dépense a faire pour ce bien, je placerois en sorte qu'il ni a plus qu'à mettre à profit. J'ose dire que j'ai acquie dans mon petit tallans, j'ay fait des choses vigoureuses à Abbeville dont M. Vanrobesse à quatres tableaux à Paris. J'ay pein à l'huile en Hollande, mais ce voiage n'a pas été aussi fructueux que celuy de 1761, quoique l'on m'ayt autant payez, mais peu de personnes m'ont occupé, ayant perdu beaucoup eux-mêmes sur la France, et c'i ce nussent été monsieur et madame Hogguer, M. Rindorp, et M. Borelle, je nussent rien fait; ils m'ont comblée de bontés. Enfin je n'ay pas autant gagné en près de deux ans qu'en cinq mois, tout le monde de mesme à Amsterdam, et ma santé ni a pas esté bonne, laire restant si mal sain. J'ai beaucoup de lettres, je jaseray avec vous, et suiveray vos sages conseils sur mes interais. Si je pouvois faire troix ou quatre portraict à Orléans, soit du mari de la fille de M. Penchina, ou d'autres, cela me feroit plaisir et je partirois tout de suitte au loin (tout cela soit dit entre nous). Monsieur je n'ay rien de cachez pour vous de qui j'ay receu tant de bontée. Si j'avais plus de fortune, je passerois la moitié de ma vie à Orléans. Je serays très aise de voire souvent mademoiselle Bénier, de l'avoire peindre; elle est pleine de reconnaissance pour vous, car dans son dernier voiage de Paris, il ia 2 ans et demie, elle ne cessa de me dire quelle joie elle ressentoit du cas que vous fesiez d'elle. Son caractère gaie, active, sage me la fait estimé particulièrement. Je m'aperçoie que je suis un bavar. J'auray bien de la joie de vous embrassé, et de présenté à madame mes sentiments de reconnaissances et de soumissions. Ma faible voie a rendu hommage au mérite distingué de monsieur Soier (Soyer) au diner que je fit chez monsieur de Fourqueux; présenté lui mes sivilités et à tous nos amis. La maladie de monsieur du Coudrait m'afflige beaucoup ; j'espère qu'il s'en tirera. A Dieu, monsieur et vraie amy, je ne veut point vous importuné ; je dessenderay vis-à-vis Sainte-Croix, l'auberge ou demeurait M. Huquier, et j'aurai aussitôt le plaisir de vous assuré du respect de la reconnaissance constante avec la quelle je suis, monsieur et amy, votre très humble et très obéissant serviteur.

A Paris, ce vendredi.
(1772)

J.-B. PERRONNEAU.

Une nouvelle lettre, écrite quelques jours plus tard, confirme la plupart des faits allégués dans la première, et semble indiquer un nouveau changement d'itinéraire:

MONSIEUR ET ANCIEN AMY (ce sont les meilleurs),

Je suis arrivé à Paris depuis quelques jours, ou je ne resteray pas long temp, car il me paraît qu'il ne me seroit pas util ni fructueux dans les circonstances; aussi n'aije veü personne que monsieur de Fourqueux, mon ancien amie et protecteur. J'iay diné avec un monsieur Cadol. J'ay aprie le mariage de madame votre cher fille. Monsieur de Trudaine est à Montigny; j'ignore si je le vairay avant mon départ, car je veut suivre encore quelqannée mes voiages; ils nous est arrivé tant de malheurs, tant de pertes, qu'il faut les reparé de tout mon pouvoir. J'ay des lettres pour différents endroits, j'aurais désiré vous voire et vous embrassé à Orléans, mais je n'ay point de temp a donné à ce qui me feroit tant de plaisir, à moins que je nussent un ou deux portraict a i faire en passant. J'ay peint à l'huille notre amy monsieur Fouquet[1] à Amsterdam, qui vous aime beaucoup; nous avons bu à votre santé et à celle de madame et de mademoiselle. J'ay trouvé la Hollande bien différente de mon ancien voiage; ils ont perdu moitié de leurs rentes, et sans M. et Mme Hogguer et M. Rindorp je nu rien fait, n'ayant été occupé que lentement. On ni a eu mil bontée pour moi, bien reçu, logé partout aux belles campagnes; l'autre voiage, personne ne m'a invité et ji ay plus gagné en six mois qu'en deux ans cette fois ici, et voilà quatres mois que je ne fait rien; au reste laire de la Hollande ne m'a pas esté favorable, estant un paye si mal sain. J'aime les jens et point le paye. Honnoré moy d'un mot de vos cheres nouvelles et de celle de madame que j'assure de mes respects et madame votre chere fille, aussi monsieur Soyer, Le Normand du Coudrait et monsieur son frère, Champremau, Penchina, la Bare et nos amis. Jesuis, monsieur et cher amy, avec un souvenir toujours plein de reconnaissances,

Votre très humble et très obéissant serviteur.

PERRONNEAU.

Si vous voiez mademoiselle Bénier, voulé vous bien lui faire mil compliments de ma part ?

Écrivé-moi rue du Petit-Careau, à côtée de la rue du Bout du monde, chez une m^{de} lingère à Paris.

Donné-moy le plutôt de vos nouvelles.

Ce 14 may 1772.

---

1. Pierre Fouquet, marchand de tableaux à Amsterdam, avait deux filles, mariées l'une à M. Mathys Vanson et l'autre à M. Jean-Thomas Griot; toutes deux intervinrent en 1813, lors du règlement de la succession de P.-J.-B. Le Brun, édi-

Une quatrième lettre montre Perronneau en proie aux mêmes soucis, qu'allait aggraver la naissance d'un second fils, et cherchant

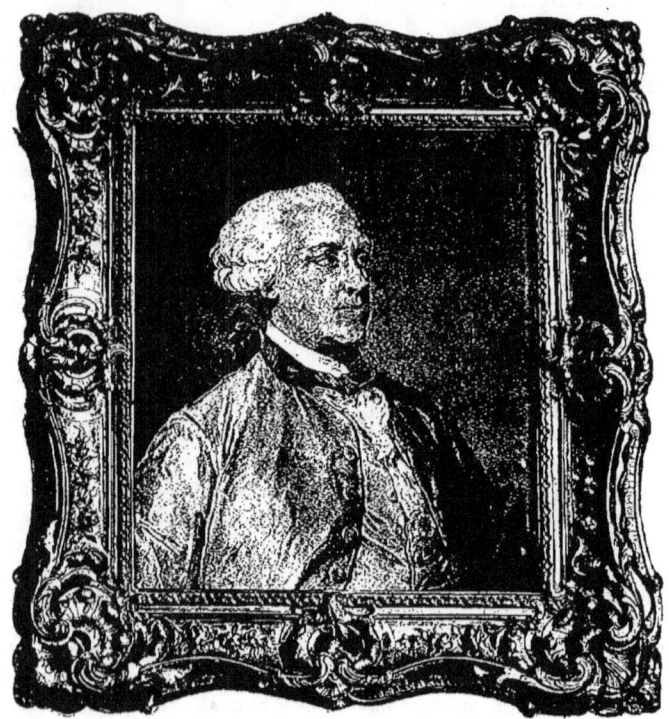

LE MARQUIS DE PUENTE-FUERTE, PAR PERRONNEAU.
(Appartenant à M. Paul Schége.)

auprès de son ancienne clientèle lyonnaise un succès qui commençait à le fuir.

Monsieur et vraie amy,

Que diray-vous de moi ? Je vous paraitray un négligent de ne vous avoir point écrit, ni remercier des amitiés que vous avez eu toujours pour moy, hélas si vous saviez combien j'ay eû de chagrin depuis que je vous ai veü,

teur et copropriétaire avec Fouquet de la *Galerie des peintres flamands, hollandais et allemands* (cf. *Nouvelles Archives de l'Art français*, 1875, p. 380). Peut-être l'une des filles de Fouquet avait-elle conservé le portrait dont il est ici question.

vous me pardonneriez cette faute. J'ay trouvé Mme Perronneau dans la plus grande mélancolie, qui a tellement pris sur son tempérament quel est tombé bien mallade ; je n'ay point de ses nouvelles depuis quelque temp, je ne luy ay pas rendu assé de justice, sur son économie, et sur ses soins, sa vertu a esté trop haustère et a pris sur sa santée, c'est son état qui ma rendu mallade. Depuis que je suis à Lion ou j'ay languye, je me sent mieux ; sans cela j'aurais passé plus loin, mais je reste encore, ayant quelque occupations.

Je prie madame de recevoir mes vœux, mes hommages, mes remerciments, je me souvien bien que je vous ai promis le portrait de monsieur votre gendre, j'espère qu'en courant mons et veau, je vous le feray ; continuez moy votre amitier, et présenté mes respects à madame votre fille quand vous lui écriray. Je sallue nos amis et particulièrement monsieur Soyer, monsieur de Villeneuve et madame son épouse.

Je suis, monsieur, avec bien de la reconnaissance, votre très humble et très obéissant serviteur.

PERRONNEAU.

A Lion, ce 10 avril 1773.

Mon adresse est chez M. Privat, rue Royal, vis à vis la messagerie, maison Mercier, à Lion.

A Lyon même, d'autres sujets de tristesse lui étaient réservés. Dutillieu avait vu s'éteindre, après une lente consomption, cette aimable Benoite Sacquin, que Perronneau représentait, quatorze ans auparavant, dans tout l'éclat de la jeunesse et des joies du foyer. Le pauvre veuf consentit cependant à poser une dernière fois devant le peintre, lui-même vieilli et découragé, mais ce petit portrait aux trois crayons n'a guère d'intérêt que par le procédé même dont l'auteur avait fait usage et qui est, en ce genre, le seul spécimen sur lequel nous le puissions juger.

Assez peu satisfait sans doute du résultat matériel de son voyage à Lyon, Perronneau était de retour à Paris l'été suivant et envoyait au Salon de 1773 les portraits de *M. V. R.* (Van Robais), de *M. Dupérel* (à l'huile), d'un « vieillard âgé de quatre-vingt-trois ans » et « plusieurs autres portraits sous le même numéro ». Le premier de ces envois appartenait sans aucun doute à la série des « choses vigoureuses » qu'il se flattait d'avoir exécutées à Abbeville en 1770, et peut-être serait-il plausible d'identifier le vieillard « âgé de quatre-vingt-trois ans », soit avec l'admirable portrait que M. Coquelin aîné a jadis acquis de Mocker, soit avec celui que M. Jacques Doucet a récemment retrouvé dans une famille de Montauban, si le dernier descendant des fabricants de drap brevetés par Louis XIV n'avait, lui aussi, possédé de nos jours un portrait de vieillard, considéré sans discussion comme celui de l'un de ses ancêtres.

Les dix dernières années de la vie de Perronneau sont enve-

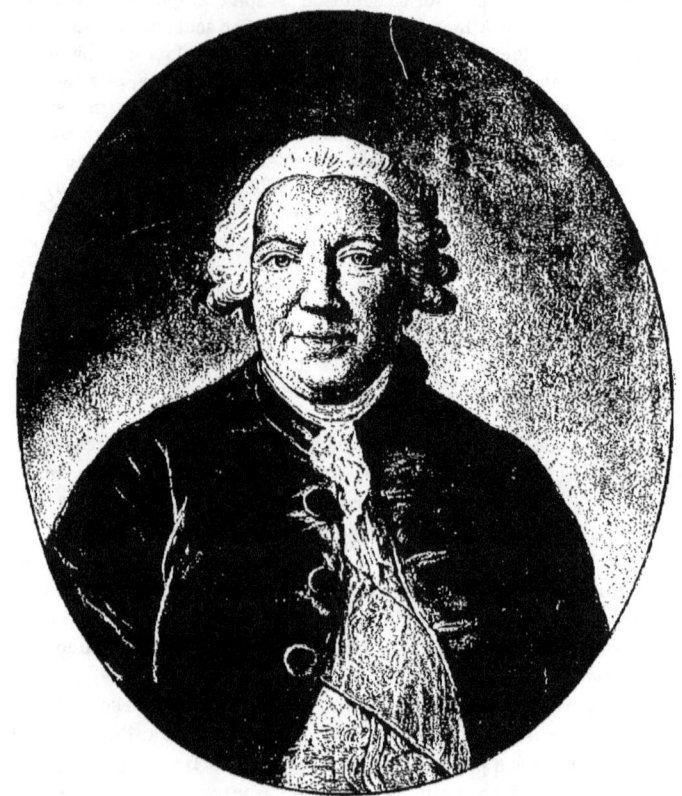

LE COMTE GOYON DE VAUDURANT, PAR PERRONNEAU.
(Appartenant à M. Édmond de Goncourt.)

loppées d'une obscurité de plus en plus épaisse et quelques dates à peine en jalonnent le cours. Absent du Salon de 1775, il n'est représenté à celui de 1777 que par un portrait (ovale, à l'huile), celui de M. *Coquebert de Montbret*, consul général dans le cercle de la Basse-Saxe, et le seul critique qui en ait dit quelques mots tire d'une conclusion blessante pour l'artiste une flatterie à l'adresse de son modèle : « Je vous parlerai encore, dit Pidansat de Mairobert, du portrait de M. Coquebert de Montbret..., moins à raison du peintre M. Perronneau, dont la manière dure est en général peu estimée, mais à raison du personnage qui, déjà membre du corps diplomatique depuis plusieurs années, se trouve initié aux mystères de la politique, dans un âge où l'on n'en soupçonne pas encore l'existence et fournissait ainsi un sujet plus analogue au pinceau de l'artiste. Celui-ci, en vieillissant la figure du jeune homme, a du moins caractérisé son génie précoce et sa prudence déjà consommée. »

Si lourd que soit le compliment, il y a dans ce singulier éloge un fonds de vérité. En 1885, à l'exposition des Pastellistes, Paul Mantz constatait que, dès 1769, date du portrait de Le Normand du Coudray, (appartenant alors à Dumas fils), Perronneau trahissait « un goût particulier pour un certain ton jaune qu'il mêle aux gris fins et aux tons roses de ses carnations. Une sorte d'épanchement bilieux attriste son idéal ». Cette tendance n'avait pu que s'accentuer à mesure que les années alourdissaient sa main et troublaient la netteté de sa vue. C'est là sans doute ce que Pidansat entend insinuer ; mais, si nous ne connaissons ni le portrait de Coquebert de Montbret, ni les « têtes de femmes » qu'il exposait au Salon de 1779 sous le même numéro, et « dont on ne disait rien », suivant l'expression d'un brochurier du temps[1], témoignage de dédain plus injurieux que le silence à l'égard d'un ancien favori de la mode qui avait cessé de plaire, il subsiste néanmoins un témoignage éclatant de la vitalité de son talent à cette époque.

Le Dr Aussant, conservateur du musée de Rennes et très fin amateur, avait distrait de sa collection particulière et cédé à MM. de Goncourt un portrait d'homme, portant en sautoir le cordon rouge de Saint-Louis, qu'il tenait pour celui du comte Goyon de Vaudurant, lieutenant-général, commandant en second de la province de Bretagne, et qu'il attribuait à La Tour. L'identité du personnage ne saurait être mise en doute ; un détail matériel suffirait, à défaut de l'exécution très personnelle de l'œuvre, pour la restituer à Perronneau.

Le comte de Vaudurant ne fut promu commandeur de l'ordre de Saint-Louis qu'en 1781, alors que La Tour, atteint de monoma-

---

1. *Ah! ah! Encore une critique. Voyons ce qu'elle chante! Aux derniers les bons.* A la Grenade et se trouve à Paris, 1779, in-8°, 32 p.

nie, ne touchait plus à ses crayons que pour gâter ou détruire ses chefs-d'œuvre. Dans ce portrait, dont il a bien voulu autoriser la reproduction, M. Edmond de Goncourt reconnaît « tous les caractères du faire de Perronneau », et dit à ce sujet que jamais « La Tour ne s'est élevé à ces clartés d'une figure faites de la pose franche de touches de bleu, de vert, balafrées de rose, qui ont la plus grande parenté avec les couleurs à l'huile des portraits de Reynolds, des portraitistes anglais de la fin du xviii° siècle [1] ».

Au cours d'un troisième séjour de l'artiste en Hollande, le 19 novembre 1783, le sieur Jean Martens se présenta devant le secrétaire de la ville d'Amsterdam et déclara que le sieur Jean-Baptiste Perraunot (sic), sans profession spécifiée, âgé de quarante-deux ans (sic), demeurant sur le Heerengracht, près de la Leidschestraat, était décédé « par suite de fièvre ». Bien que le défunt demeurât dans un quartier fort riche, il n'eut le lendemain que le convoi des pauvres, et fut enterré à la Leidschekerkhoff, cimetière situé près de la porte de Leyde. Lorsque l'aimable et regretté M. N. de Roever me communiqua le résultat de ses recherches dans les archives municipales dont il avait la garde, je crus à une erreur de transcription, en ce qui concernait l'âge du défunt; mais M. de Roever me confirma et me prouva plus tard *de visu* que le registre portait bien un *4* et un *2*. Ainsi, et jusqu'à la minute suprême, tout ce qui a trait à la personnalité du peintre devait rester entouré de mystère et de confusion, et si l'allégation du registre des décès n'était pas démentie par d'autres actes non moins authentiques que celui-ci, elle serait de nature à justifier la méprise de Nagler, dont j'ai parlé au début de cette étude.

IV

Avant d'expirer aussi loin des siens, dans quelque chambre d'auberge, Perronneau avait pu, du moins, confier ses dernières volontés à un Français de passage à Amsterdam et le charger de les transmettre à sa famille. Fils du compositeur languedocien qui, dans la pastorale de *Daphnis et Alcimadure*, avait devancé nos modernes félibres, Mondonville fils, né en 1748 à Paris, où il est mort en 1808, n'a pas été traité par les répertoires biographiques avec la même faveur que son père, et le récent *Supplément*, ajouté par M. Arthur Pougin au *Dictionnaire* de Fétis, se contente de nous apprendre qu'à dix-neuf ans

---

1. *La Maison d'un artiste*, 1881, tome Ier, pp. 135-136.

Mondonville fils avait composé six sonates pour violon et basse et qu'il se faisait parfois entendre dans les concerts. Entre temps, il crayonnait volontiers, comme l'atteste un croquis à la mine de plomb du désert d'Ermenonville, daté du 19 juillet 1786, et annoncé il y a quelques années par un catalogue de librairie, et il ne se refusait pas à prêter en 1782 au Salon de la Correspondance fondé par Pahin de La Blancherie, le portrait de sa mère, peint par La Tour (collection Eudoxe Marcille), ainsi sans doute que celui de son père, possédé aujourd'hui par le musée de Saint-Quentin.

Chargé verbalement par Perronneau de ses dernières instructions (ainsi que l'atteste l'acte de partage de la succession), Mondonville avisa la veuve du peintre et l'Académie royale de la perte qu'elles venaient de faire. L'Académie ne s'émut guère de la nouvelle : de l'aveu même de Renou, rédacteur du procès-verbal, on « oublia » de notifier le décès de Perronneau à la séance du 20 décembre 1783, et ce fut seulement à celle du 10 janvier 1784 que la mention en figura au registre.

Perronneau laissait deux fils à sa veuve : Alexandre-Joseph-Urbain, dont il vantait les grâces enfantines à Desfriches, et Henry-Louis, baptisé, comme son frère, à Saint-Eustache, le 12 juin 1773, tous deux alors mineurs et auxquels une sentence du lieutenant civil, rendue au Châtelet, assigna comme tuteurs leur mère et leur cousin Charles-François Aubert de Rigny, procureur au Parlement. L'inventaire, dressé le surlendemain au dernier domicile du peintre et qui ne fut pas insinué au Châtelet, ne signale qu'une tête de vieillard peinte à l'huile par le défunt, estimée 48 livres, deux pastels estimés 96 livres et un tableau de Vanderveld (van de Velde) « fort endommagé », porté néanmoins à 100 livres. Restée usufruitière de la maison de Charonne acquise à deniers communs, Mme Perronneau, pour obéir, paraît-il, à un vœu formulé par son mari, épousa, dès le 17 février 1784, à l'église Saint-Merry, J.-B.-Claude Robin, agréé en 1772 par l'Académie Royale et qui le demeura jusqu'à la ruine même de l'institution, bien qu'il eût donné de nombreuses preuves de talent et que Victor Louis l'eût choisi pour peindre le grand plafond du théâtre de Bordeaux, achevé en 1780 et gravé aux frais de la ville par Noël Le Mire. Plus lettré que la majorité de ses confrères, Robin avait lu devant la Société des Neuf Sœurs un *Éloge de Falconet*, qui a été imprimé, et collaboré à l'*Encyclopédie méthodique*. Il avait même obtenu les fonctions de censeur royal, qu'il remplissait encore en 1789, lorsque la liberté croissante de la plume et du crayon rendit cette charge illusoire, sinon dangereuse pour celui qui en était le titulaire[1].

La tutelle de Mme Robin et d'Aubert de Rigny sur les mineurs du premier lit prit fin le 13 décembre 1790, ainsi que l'atteste un « avis de parents », signé par les intéressés et par les témoins réglementaires, savoir : Louis Augé, sculpteur, rue du Faubourg-du-Temple; J.-J.-Denis Valade et J.-B.-César Valade, imprimeurs, rue des Noyers; Charles-François Amée, bourgeois de Paris, rue du Paon-Saint-Victor; Pierre-Charles Lévesque, de l'Académie des Inscriptions, rue Regratière, et Nicolas Pigeon, écuyer, lieutenant général au bailliage du Palais, cloître des Bernardins (Archives nationales). Six semaines plus tard, le 25 janvier 1791, les époux Robin vendirent pardevant Me Thomé, notaire, la maison de Charonne à J.-B. Champy, bourgeois de Paris, et dame Marie Létourneau, son épouse, au prix de 16.000 livres, dont le dernier paiement fut effectué le 16 messidor an IV (4 juillet 1796), moyennant 1025 livres de monnaie ayant cours. Deux ans après, je les retrouve procédant, le 8 août 1793, pardevant Me Drugeon, notaire, aux stipulations du contrat de mariage de Alexandre-Joseph-Urbain Perronneau avec Mlle Charlotte-Marie Berton, fille de défunt Pierre Berton, libraire à Paris, ancien adjoint de sa communauté, et de Marguerite-Angélique Godde, sa veuve. De cet acte, transcrit en 1806 au bureau des hypothèques de Blois, il résulte que Robin faisait don à son beau-fils, sous réserve d'usufruit, du petit domaine de la Pigeonnière, près de Chailles (Loir-et-Cher), où les jeunes époux vinrent habiter. L'année précédente, le frère cadet du conjoint signait fièrement : Henry-Louis Perronneau *de la Corbinière* un acte de baptême conservé sur le registre paroissial de Chailles. D'où tenait-il cette superfétation nobiliaire? D'un tout petit bois voisin de la Pigeonnière, et détruit vers 1845 par l'un de ses successeurs. Ces velléités aristocratiques ne mériteraient assurément pas d'être notées si Henry-Louis Perronneau ne s'était, comme imprimeur et éditeur, volontiers compromis pour la cause royale. Son nom figure au frontispice ou à la fin d'un certain nombre de publications de même ordre, entre autres sur une *Vie de Marie-Antoinette*, rédigée dès 1797 par un royaliste fougueux, Montjoye, et qui lui valut un internement à la Force et à l'Abbaye. Plus tard, Henry-Louis Perronneau, qui prenait en l'an XI le titre d'impri-

---

[1]. Voir sur J.-B.-Cl. Robin un mémoire de M. Ch. Marionneau, présenté à la 17e session des Sociétés des Beaux-Arts des départements (1893) et qui a été tiré à part.

meur de l'École des Ponts et Chaussées, devint l'éditeur des travaux de Viel, de Guillaumot, de Gauthey et des autres architectes ou ingénieurs qui prônaient alors si volontiers leurs propres plans et critiquaient sans merci ceux de leurs confrères. Il dut mourir en 1812, et sa veuve, qui lui succéda, eut en 1821 avec l'irascible et caustique Beuchot des démêlés que celui-ci, selon sa coutume, rendit publics, à propos d'une édition de Voltaire, annoncée en cinquante volumes in-12, et achevée tant bien que mal, après la rupture, par Louis Dubois. Robin mourut à Chouzy (Loir-et-Cher), le 23 novembre 1818. Le 8 juin suivant, Urbain Perronneau vendait la Pigeonnière à la comtesse Louise-Éléonore de Beaumont, et, le 19 décembre 1820, il cédait au sieur Cuel la maison portant alors le numéro 19 de la rue des Bernardins, et qui, rétrocédée à la Ville par son nouveau propriétaire, a disparu lors de la percée du premier tronçon du boulevard Saint-Germain.

Bien qu'il n'ait jamais pris part aux Salons officiels, Urbain Perronneau figure sur une liste d'artistes ajoutée par Landon aux *Annales du Musée* pour 1808, et ses descendants possèdent le portrait au pastel de sa propre femme. A le juger sur ce morceau qui, d'ailleurs, a souffert, l'auteur n'aurait jamais dû courir le risque d'être confondu avec son père, et cependant c'est en raison de ces velléités insuffisantes que le portrait de Laurent Cars a pu, sur un ancien inventaire du Louvre, être attribué à Perronneau *fils*. Doué d'une imagination très vive, surexcitée par les chagrins et les souffrances physiques, Urbain Perronneau avait la singulière habitude de traduire par la plume et le crayon ses sensations, ses douleurs et ses ennuis domestiques; j'ai vu de nombreuses feuilles de gros papier écolier couvertes de ces bizarres allégories et accompagnées de commentaires plus ou moins inintelligibles. Devenu veuf en 1808, il mourut à Versailles en 1831, laissant deux filles et deux fils; l'une d'elles (Camille) s'éteignit jeune, la seconde (Alix) épousa un officier aux gardes suisses, M. Marliani, originaire du canton du Tessin, et dont les descendants existent encore à Milan; des deux fils, l'un (Édouard) étudia la médecine et sans avoir, semble-t-il, obtenu le grade de docteur, exerça longtemps à l'île Maurice, avant de revenir en France où il habitait alternativement Paris et un petit bien sis à Bouée (Loire-Inférieure); il mourut célibataire à l'hospice de Nantes, où il s'était fait transporter pour être mieux soigné, le 9 octobre 1868. L'autre fils (Henry) dut, à la suite de revers de fortune, accepter la place de garde champêtre de la commune de Nazelles (Indre-et-Loire).

Avec lui s'éteignit, en 1881, la postérité mâle du pastelliste, et ce nom, bien que porté au siècle dernier par divers homonymes[1],

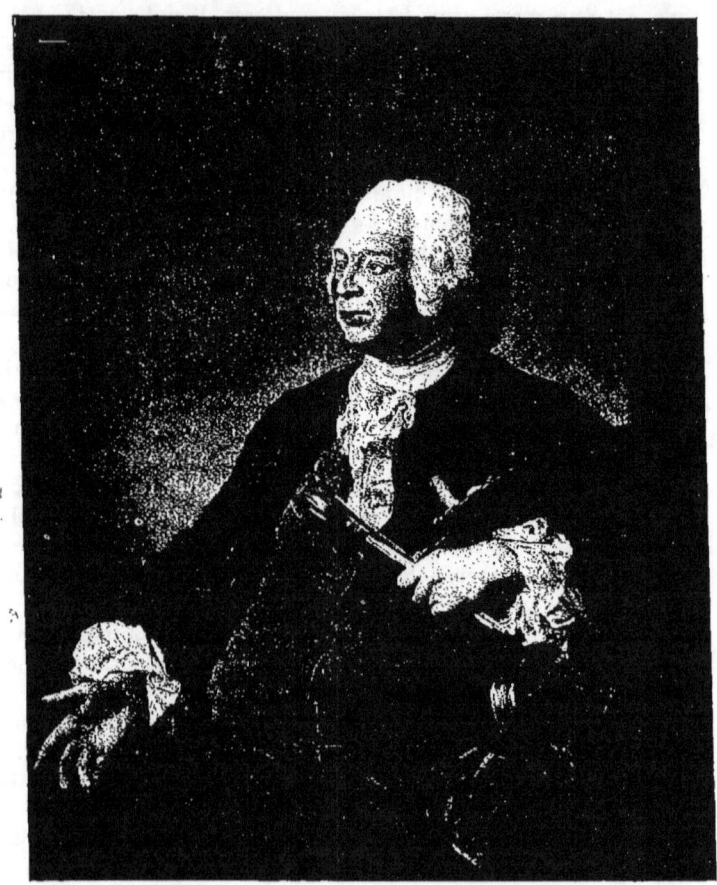

PORTRAIT DE J.-B. OUDRY, PEINT PAR PERRONNEAU
(Musée du Louvre.)

1. Le premier en date de ces homonymes est, je dois le dire, un escroc, dénoncé en 1762 par ses dupes, mais non arrêté, « parce qu'il se tenait caché » (Archives de la Préfecture de police). Vient ensuite Charles-Louis Perronneau, substitut du procureur général au Parlement, dont il a été question plus haut et qui fut considéré comme émigré; ses papiers, versés aux Archives nationales

était depuis longtemps tombé dans l'oubli, comme l'œuvre de celui qui l'avait rendu presque célèbre.

Ce n'était pas, certes, à l'époque où le portrait de Jean-Jacques Rousseau par La Tour se voyait retiré sur une enchère dérisoire de trois francs à la vente posthume du frère de l'artiste, et où les pastels de Chardin d'après lui-même et d'après sa femme étaient adjugés ensemble vingt-quatre francs à la vente Silvestre (1810), que ceux de Perronneau auraient eu chance d'échapper à ce naufrage dont M. Marcille père, M. Lacaze, M. Walferdin, M. Laperlier, MM. de Goncourt furent plus tard les sauveteurs. Aussi n'est-il mentionné au catalogue de l'immense et incomparable collection Paignon-Disjonval (1810) qu'en raison de sa participation aux académies gravées d'après Bouchardon et aux *Quatre Éléments* de Natoire dont il avait signé les planches avec Aveline, ou bien encore à cause des estampes de Daullé d'après le marquis d'Aubais, Lazare Chambroy et Gérard Meermann.

Quelques mots flatteurs de Paul Mantz, dans *l'Artiste* du 15 juillet 1854 (5e série, tome VII, p. 178), à propos d'un portrait de jeune fille du musée d'Orléans, la mention par Ph. Burty, dans *la Presse* du 6 octobre 1863, des portraits de M. et Mme Olivier, prêtés à une éphémère exhibition organisée par l'Union des Arts de Marseille, sont, je crois bien, tout ce que le critique d'alors avait trouvé à dire sur Perronneau, lorsque les qualités et les défauts qui le différenciaient de La Tour furent mis presque simultanément en lumière par MM. de Goncourt, dans l'étude sur le grand pastelliste dont la

---

(T. 18) et renfermant quelques documents relatifs à sa famille, ne permettent pas plus de le rattacher à celle du peintre, que deux prêtres de ce nom (Etienne-Henri et Jean-Jacques), du diocèse de Saintes, déportés en Espagne pour refus de serment (*Archives historiques de la Saintonge*, 1875, tome II, p. 242), ou qu'un huissier, Jacques Perronneau, que M. Th. Lhuillier a retrouvé instrumentant en l'an II, lors de la vente du château de Fleury-en-Bière (cf. *Peintures du Primatice*, mémoire présenté à la 17e session des Sociétés des Beaux-Arts des départements (1894).

Une tradition de famille, que je ne saurais ni confirmer, ni combattre, veut que le frère cadet du peintre (le « jeune écolier » du Salon de 1746) ait été attaché en qualité de médecin à la cour de Frédéric II, près de qui il serait tombé en disgrâce pour avoir cravaché les levrettes de Sa Majesté. Il aurait alors passé en Russie où il serait devenu précepteur.

Une autre tradition, encore plus douteuse, attribue à Perronneau un portrait de Marie-Antoinette, dérobé, paraît-il, en 1870, à Saint-Cloud, par un officier allemand et dont les anciens catalogues de cette résidence ne font nulle mention.

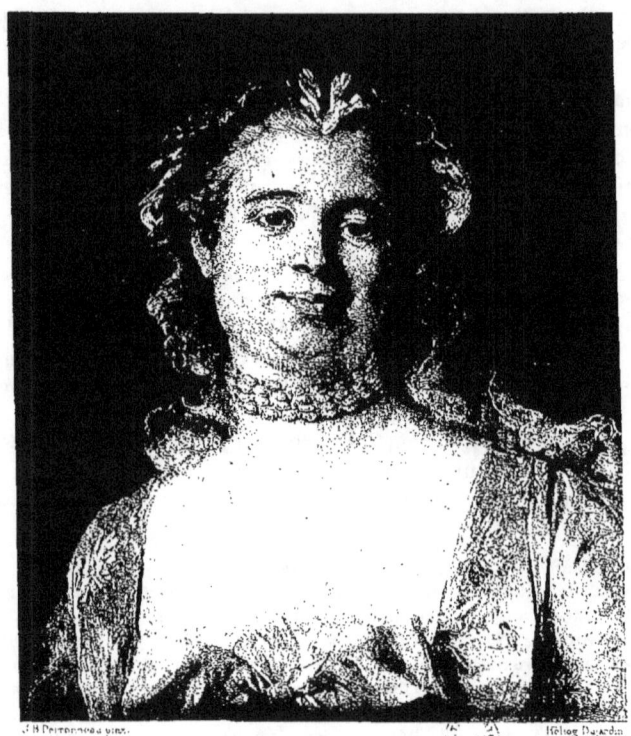

PORTRAIT DE FEMME
(Pastel apparnt à M. Paul Mantz)

Gazette des Beaux-Arts eut la primeur (1867), et par M. Reiset, dans son Catalogue des dessins de l'École française du Louvre (1869). Le portrait du marquis d'Aubais, désigné comme celui d'un « homme en cuirasse », avait cependant passé à peu près inaperçu à la première vente Laperlier (1867), mais, l'année suivante, la dispersion de la collection Roux (de Tours) inaugura l'ère de la tardive justice.

M. Roux avait acheté du garde-champêtre de Nazelles divers portraits dont il fut plus tard amené à se défaire. Ces portraits, au nombre de cinq, ne soulevèrent pas, il faut le reconnaître, les folles enchères dont l'hôtel Drouot a été depuis maintes fois le théâtre. M. Alfred Mame obtint pour 470 francs un grand pastel de femme décolletée, signé et daté de 1748, celui-là même qu'à l'Exposition

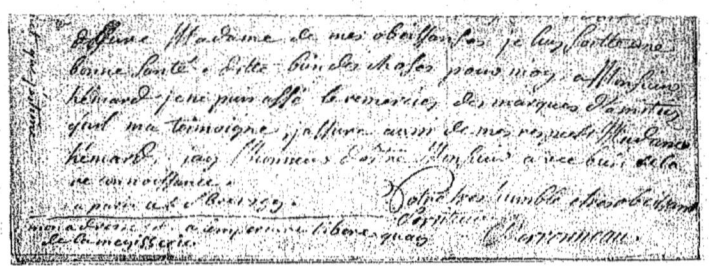

FRAGMENT DE LETTRE AUTOGRAPHE DE J.-B. PERRONNEAU.

rétrospective de Tours (1881), M. Alfred Darcel proclamait « la merveille du genre » et qu'une gracieuse communication de M. Paul Mame nous permet de placer aujourd'hui sous les yeux des lecteurs ; pour 265 francs un autre portrait de femme endormie fut aussi adjugé à M. Alfred Mame. M. Mannheim ne poussa que jusqu'à 127 et 128 francs deux portraits de jeunes garçons, assez médiocres il est vrai, ou mal conservés, et le Dr Piogey se fit adjuger pour 70 francs un portrait de jeune femme à tête poudrée et à la robe garnie de fleurs et d'hermine, dont le catalogue ne garantissait pas l'attribution. Tout modeste que fût ce début, c'en était assez pour classer Perronneau et pour empêcher qu'on ne le confondît désormais avec La Tour.

Si cette équivoque est aujourd'hui victorieusement écartée, un catalogue complet de son œuvre sera de longtemps impossible à dresser. Dans les pages qu'on vient de lire, j'ai tenté de rétablir la chronologie de sa vie, en citant de préférence ceux de ses portraits qui portent une date ou dont le nom du modèle nous est connu. Pour combien d'autres manque toute chance d'identification, et qu'il m'en coûte de passer sous silence, faute d'un moyen de contrôle, tant d'œuvres éparses, soit dans quelques musées, soit dans les collections privées que la bienveillance de leurs propriétaires m'a libéralement ouvertes ! Mais tant qu'un hasard inespéré ne mettra point sur la trace d'un document positif, il faut renoncer à dire d'après qui et à quelle date furent exécutés le portrait de jeune homme en habit brun clair et en gilet rouge, cédé au Musée de Tours et accepté, contre toute vraisemblance, par les rédacteurs de l'inventaire officiel, comme le portrait de Perronneau par lui-même ; le bénédictin à l'œil malicieux de la collection Eudoxe Marcille, dont j'ai déjà dit un mot ; les deux hommes en habits gris, l'un le col enveloppé d'un foulard de couleur, l'autre tout pimpant dans son gilet à fleurs, appartenant à S. A. I. la Princesse Mathilde ; le vieillard en habit violâtre et à la bouche démeublée que Mocker avait jadis vendu à M. Coquelin aîné ; le superbe portrait d'homme, en habit chamois à parements bleus, qui orne le cabinet de travail de M. Ch. Edmond, à Bellevue ; la femme décolletée en carré et tenant une lettre, de la galerie de Mme Édouard André ; un portrait d'homme, acheté à Amsterdam par M. le chevalier de Stuers ; les deux jeunes gens en habit bleu et en habit rouge, retrouvés par M. Bardach ; un buste d'homme, vêtu de gris, possédé par Mme Charcot, et tant d'autres, sans doute, dont le hasard seul peut révéler l'existence à Bordeaux, à Lyon, en Hollande, et peut-être plus près ou plus loin encore.

C'est précisément d'ailleurs parce que je sentais tout ce qui manquait à cette étude, que je l'ai si longtemps ajournée, trop longtemps, hélas ! puisque ceux qui m'encourageaient à l'aborder quand même ne sont plus là pour voir comment j'ai profité de leurs conseils. En écrivant ceci, je pense à Paul Mantz, à Anatole de Montaiglon et surtout à l'excellent Eudoxe Marcille. Non content de me prodiguer les trésors de sa mémoire et de son expérience, il avait, comme on l'a vu, obtenu pour moi de M. Paul Ratouis et copié de sa main sur les originaux les lettres de Robbé et de Perronneau à Desfriches ; aussi ne saurais-je invoquer de meilleure excuse à l'insuffisance de la glose qui les commente que de la dédier à sa mémoire vénérée.

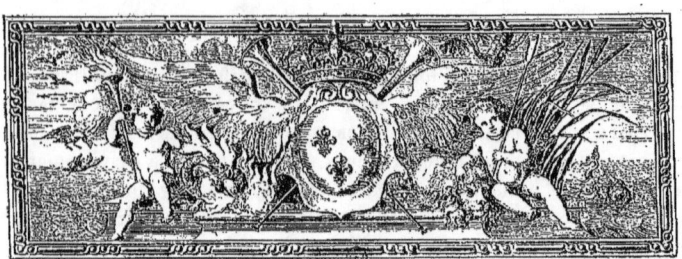

NOTES

Page 11. — *Le Petit Demoyel tenant une poule huppée* a été vu récemment par M. Jacques Doucet chez M. Féral fils, mais dans un état de délabrement tel qu'il peut être considéré comme irréparablement perdu.

Page 11. — Le marquis d'Aubais a été l'objet de plusieurs travaux qui ne font aucune allusion à ses rapports avec l'artiste, mais qui permettent de mieux apprécier le curieux et l'érudit ; tels sont la *Nouvelle notice* du baron d'Agnières *sur l'église du Caila et sur son ancien seigneur, le marquis de Baschi d'Aubais* (Paris, 1869, in-8°), où se trouve reproduit le blason de d'Aubais d'après la gravure de Daullé ; *Le Marquis d'Aubais, célèbre érudit du XVIII° siècle et ses lettres autographes inédites*, par Prosper Falgairolle, membre de la Société française d'archéologie, de l'Académie de Nîmes (Clermont-l'Hérault, Saturnin Léotard, 1887, in-8°, 131 p. et un f. n. ch. [table]) ; *La Fin de la bibliothèque d'Aubais* (1777), par M. L.-G. Pélissier (*Le Bibliographe moderne*, janvier-février 1901), d'après la correspondance de l'érudit nîmois, J.-F. Séguier, et *Les Ex-libris du marquis d'Aubais*, par M. Prosper Falgairolle (*Archives de la Société des Collectionneurs d'exlibris*, avril 1902, p. 55-59).

Page 16. — A la fin de 1748, Perronneau était-il à Naples ? Je ne sais. Toujours est-il qu'une bienveillante communication m'a fait connaître deux portraits dont j'ai les photographies sous les yeux et qui sont ceux du prince d'Ardore, marquis de Saint-Georges, ambassadeur de Charles III à la cour de Louis XV et d'Henriette Caracciolo de Santo Buono, sa femme. Le portrait du prince est signé et daté de 1748 ; celui de la princesse ne porte ni date, ni signature, mais les archives des ducs de San Paolo renferment une quittance de Perronneau reconnaissant qu'il a reçu *241 lire* et *20 soldi* pour ce second portrait. La mention des espèces de ce paiement impliquerait qu'il dut avoir lieu en Italie et non en France. Le prince et la princesse d'Ardore résidèrent à Paris, de juillet 1741 à mai 1753, et leurs noms reviennent assez souvent dans le *Journal* du duc de Luynes qui a même, par exception, lors de la présentation de la princesse, tracé d'elle ce croquis : « Mme d'Ardore paraît au plus avoir quarante ans ; elle est bien faite, elle est brune, le visage assez agréable, le nez un peu long, elle paraît vive ; elle parle fort peu français. » De son mariage étaient nés quatorze enfants, dont six seulement avaient survécu.

PAGE 28. — Le crime et le châtiment auxquels Robbé de Beauveset fait allusion nous sont révélés par un arrêt dont la Bibliothèque possède plusieurs exemplaires et dont voici l'intitulé : *Arrêt de la cour du Parlement qui condamne Jean Roch, maître graveur, à être rompu vif en place de Grève pour assassinat par lui commis à dessein prémédité sur la personne de Jean-Barthélemy Lebon, huissier audiencier du Parlement* (4 août 1759). Paris, imp. P.-G. Simon, 1759, in-4°, 3 p.

PAGE 30. — M. Gaston Brière a bien voulu me signaler un travail de M. le baron Dezazars de Montgailhard sur *L'Art à Toulouse, les Salons de peinture*, publié dans les *Mémoires* de la Société archéologique du Midi de la France (1901, in-4°) et tiré à part. D'après l'auteur, au Salon ouvert à Toulouse en 1758 figuraient quatre portraits par Perronneau : n° 24, portrait sans désignation ; n° 25, *M. Dujon*, peintre toulousain, ami de l'artiste ; n° 26, M. le marquis *de Mirepoix*, brigadier des armées du Roi ; n° 27, Mme la marquise *de Mirepoix*. Le sort de ces portraits est d'ailleurs inconnu aujourd'hui, mais ils furent certainement exécutés sur place et sans doute à la suite du premier séjour de Perronneau à Bordeaux, en 1756.

PAGE 32. — Je me trompais en supposant qu'en 1759 Perronneau n'avait pas dépassé Turin : dans la *Correspondance des directeurs de l'Académie de France à Rome*, publiée par M. Jules Guiffrey (t. XI, p. 267), se trouve ce passage d'une lettre de Natoire à Marigny (Rome, 28 mai 1759) : « M. Peronot (sic), peintre en pastel, est arrêté depuis quelques jours à Rome ; ses affaires l'empêcheront de faire un long séjour ; à peine verat-il les principalles choses. »

PAGE 39. — Le vicomte de Pelleport-Burète a fait connaître, dans l'*Intermédiaire des chercheurs et curieux*, les noms des modèles de Perronneau : ce sont M. et Mme Boyer et leur fils (costumé en hussard). M. Boyer était un armateur, ami de Lekain, allié aux familles Bonnaffé, Balguerie et Texandier ; Mme Boyer, née Drawman, était la grande tante de Mme de Pelleport-Burète.

PAGE 42. — Durant son second séjour en Hollande, Perronneau fit auprès de M. de Marigny une démarche, qu'il renouvela d'ailleurs en 1779 auprès de M. d'Angiviller, afin d'obtenir un logement au Louvre. Grâce à la générosité de M. Marc Furcy-Raynaud, qui a retrouvé aux Archives Nationales la première demande du peintre et la réponse des deux directeurs des Bâtiments, je puis mettre au jour ces documents tout à fait ignorés et qui éclairent d'un jour assez triste le peu que l'on sait des dernières et laborieuses années du peintre. Comme pour les diverses lettres citées au cours de cette étude, je reproduis l'orthographe, mais je rétablis ou rectifie la ponctuation :

« Monsieur,

« Il est de mon devoir de vous présenté mon respect, mes hommages (puisque vous êtes le Ministre du Roy pour nous), mais c'est encore mon inclination qui m'i engage; bon, juste, éclairé, mesme avant que le Roy vous eû choisi (puisque vous assossiate à votre voïage d'Italie des hommes d'un mérite très-rare), acoutumé de recevoir tant de sollitations de personnes qui demande et ne mérite pas toujours, vous recevez ces importunités par État; écouté les mienne, Monsieur, avec intérois. Avant, je suis bien aise que vous sachiez une petite anecdotte.

» Il i a environ cinq année que des personnes de qualitée voulois que je pegnissent le Roy et Mes Dammes, mais qu'elle ne voulois point que ce fut par la voie de Monsieur le Marquis de Marigni (ce sont les termes dont on se servi); on prévint Mes Dammes et je n'avois qu'à aller à Versailles; je dis oui (ne voulant rien opposé), mais je parti de Paris à cette occasion; il ût esté atrosse de ma par de l'entreprendre, si vous, Monsieur, ni ussent eu aucune part; vous este la seul voie, et je ne suis pas capable de vous manqué. C'est la verité que je vous expose.

» C'est en 1753 que je fus receu de l'academy. Plusieurs ont eu par aux bienfaits du Roy par votre Ministère qui n'ont été receû que depuis a tite de grâce et a tite de mérite, acordé moy, Monsieur, les mêmes avantages. Je puis i prétendre (non pas, il est vraie, pendant des temps que je m'étoit négligé). Il i a des présomtions pour moy. J'ay perdûe la plus grande partie de mon bien et il ne me reste que ma maison du petit Châronne que Mme Perronneau habite, n'ayant plus d'apartement à Paris. Si cela n'étoit, je ne vous demanderois point un petit logement pour recevoir le publique, n'importe ou, alors je resterois à Paris pour faire honneur a vos dons et a ma patrie.

» Je suis, Monsieur, avec un très profond respect, votre très humble et très obéissant serviteur,

« PERRONNEAU [1]. »

« A Amsterdam, chez M. Hoggner,
  ce 2 janvier 1771. »

1. Archives Nationales, O^t 1952.

Marigny répondit à l'humble solliciteur par une fin de non-recevoir telle qu'en ont su trouver de tout temps les bureaux, mais dans une forme courtoise dont la tradition s'est quelque peu perdue :

« J'ai reçu, Monsieur, la lettre par laquelle vous me faites part du désir que vous avez d'obtenir à Paris un logement qui vous facilite les moyens d'y retourner et d'y travailler à réparer les pertes que vous avez faites. Il n'y a, au moment actuel, aucun qui ne soit occupé et je ne prévois même pas qu'il y en ait sitôt à ma disposition. Il peut néanmoins se présenter des circonstances qui me fournissent les moyens de vous obliger, et je ferai avec plaisir ce qui dépendra de moy pour vous mettre à portée de rentrer dans votre patrie et d'y faire usage de vos talens.

« Je suis, Monsieur, etc. [1] »

M. Raynaud n'a point remis la main sur la nouvelle requête de Perronneau, mais des termes mêmes de la réponse de d'Angiviller, on peut conclure que cette nouvelle supplique ne devait pas sensiblement différer de la première.

19 août 1779.

« *A M. Perronneau.*

« J'ai reçu, Monsieur, le mémoire que vous m'avez adressé et par lequel vous me demandez un logement au Louvre ou dans quelque maison du Roy, attendu l'ancienneté de votre réception à l'Académie. Je ferai volontiers en votre faveur ce que les circonstances me permettront, sur quoi je crois néanmoins devoir vous observer qu'il y a plusieurs officiers de l'Académie qui n'ont point encore de logement chez le Roy. Je verrai, au surplus, avec plaisir, les ouvrages que vous comptez exposer cette année, et je ne doute pas qu'ils ne soyent, comme ceux que vous y avez mis dans d'autres occasions, très propres à vous faire honneur, ainsi qu'à l'Académie.

« Je suis..., etc.

« D'ANGIVILLER [2]. »

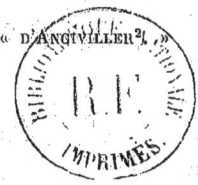

1. Archives Nationales, O¹ 1222, f° 36.
2. Archives Nationales, O¹ 1135, f° 122.

TABLE

DES PLANCHES HORS TEXTE ET DES ILLUSTRATIONS

Pages.

J.-B. *Perronneau*, gravure de Nicolet d'après un dessin de Cochin 9

François Drouais, pastel appartenant à M. N. Valois. 13

Portrait de jeune fille (Musée du Louvre), héliogravure hors texte en couleurs 15

Quentin de La Tour (Musée de Saint-Quentin) 17

M. Bouguer, de l'Académie des Sciences, gravé par Miger. 24

Robbé de Beauveset (Musée d'Orléans). 29

Jacques-Charles Dutillieu et *Benotte Sacquin* (collections de M. Jacques Doucet et Léon Michel-Lévy), photogravures hors texte 33

L'Aurore (Musée d'Orléans) 37

Croquis de Gabriel de Saint-Aubin sur un exemplaire du livret du Salon de 1769 (Cabinet des Estampes, Paris) 40

Le Marquis de Puente-Fuerte, pastel appartenant à M. Paul Sohège 45

Le Comte Goyon de Vaudurant (ancienne collection de Goncourt). 47

J.-B. Oudry (Musée du Louvre). 53

Portrait de femme (collection Paul Mame), héliogravure hors texte 55

Fragment d'une lettre autographe de J.-B. Perronneau. 55

www.ingramcontent.com/pod-product-compliance
Lightning Source LLC
Chambersburg PA
CBHW070216230526
45471CB00002B/960